JN095092

肢体不自由教育の変遷

－昭和・平成の対象観－

山本　智子

まえがき

　戦後，制度化された特殊教育は，平成19（2007）年4月から特別支援教育に転換された。肢体不自由教育では，身体機能の改善等にも取り組みながら，子どもたちの自立と社会参加が目指されている。

　我が国で初めて，肢体不自由児の自立を考え，国による救済事業の必要性を訴えたのは，東京帝国大学整形外科教室の初代教授田代義徳である。田代は，明治33（1900）年からドイツへ派遣され整形外科学を学び，ドイツにおける救済事業を視察した経験から，肢体不自由児を全人的に育てることが必要だと考えていた。しかし，当時は時代背景もあり社会の理解を得ることができなかった。田代は，定年退官後には東京市の議員となり肢体不自由児への救済事業を訴え続けた。そして昭和6（1931）年，東京市は我が国で初めて肢体不自由児のための公立学校の設置を決め，翌，昭和7（1932）年東京市立光明学校（以下，光明学校という）が開校した。

　岡山県師範学校の体操教師柏倉松蔵は，肢体不自由児のために医療体操を究めることを志し，田代の許可を得て，大正7（1918）年，東京帝国大学の医局研究生となった。柏倉は，整形外科治療室でマッサージ師として治療にあたるが，肢体不自由児の治療が進まないことに心を痛めていた。柏倉は，田代に，肢体不自由児の治療を「学校風に」してみてはどうかと相談する。田代から欧米の先例を聞き，激励された柏倉は，大正10（1921）年柏学園を開設した。田代は，柏学園の顧問兼監督として，柏倉を物心両面で支えた。

　大正13（1924）年12月，定年退官した田代の後任となったのが高木憲次である。高木も整形外科治療の研究，後進の指導のほか，肢体不自由児のために医療・教育・職能の三位一体の支援ができる療育施設の設置を訴え，教育や福祉の関係機関にも働きかけていた。しかし，社会の理解をなかなか得られず，その宿願は，昭和17（1942）年，整肢療護園の開園でようやく達成された。

　また，高木は，女医の竹澤さだめを片腕とし，肢体不自由児の母親や家族への支援にも尽力した。竹澤は，光明学校の校医も務め，玩具治療

1

や運動会の競技の工夫等，教育的治療の基礎を作った。光明学校では，独自の教育課程で医療と連携した教育を展開していた。

　我が国初の肢体不自由教育の学習指導要領は，昭和38（1963）年に編纂され，単一障害を対象とし医療と連携した教育が目指された。

　現在の肢体不自由教育の対象となる疾患は，医療の進歩等により様変わりした。その様相は年代によっても異なるが，重度・重複化，多様化の傾向の中で医療と教育の連携のあり方は，依然として肢体不自由教育の課題になっている。そこで本書では，長年にわたるこの課題を解くために，この教育の歩みや先達の営みを整理する。また，教育課程の基準となっている学習指導要領のなかで，特に医療とのかかわりが深い機能訓練，養護・訓練，自立活動と教育課程の特例の記述に焦点をあて，医療と教育の連携がどのように示されているのかを検討する。そして，教師の教授行為のバックボーンともなる学習指導要領における対象観を明らかにする。子どもたちをどのように捉えているのかという対象観は，教育活動に影響するからである。

　平成29（2017）年には新しい学習指導要領が示され，令和の教育が始まった。筆者は，特別支援教育の授業改善や指導法の検討にかかわることが多いが，教師自身の対象観が曖昧であったり，考えられていなかったりということに出会うことがある。また，対象観は，時代背景や環境，教師自身の経験とも密接にかかわり変化していくことも感じている。

　教師が自らの対象観を問い直すには，歴史に学ぶことが必要になるのではないだろうか。史実を学ぶことで，この教育の不易流行に気づいたり，先達の営みに励まされたり，子どもたちに向き合う心構えが明確になったりする。本書が，対象観の検討や，歴史の担い手としての自覚を深める一助になれば幸いである。

　尚，本書では，現在使用されていない用語について，史料に基づきそのまま用いている。

　令和2年5月

著　者

目　　　次

序 章　対象観の理解のために

1．肢体不自由児の処遇

　文部省（1958a：現文部科学省）は，肢体不自由者の社会的処遇の推移を大きく「①廃絶・②嘲弄・③医療・④教育」の四つに分けて示している（図1下）。しかしこれは，このような時期が今日までにあったということであり，地域の文化や環境，慣習，身体の状態によっても処遇は異なり，明確な区分は難しいとされている。

　松田竹千代（1935）は，肢体不自由教育が極めて遅れた理由を，実態調査の不備，保護者の秘匿，不具者無価値観，整形外科学の未発達としている。さらに，石部元雄（1974）は，教育方法上，なかなか独自の方法がつかめなかったことをあげている（杉浦守邦，1986）。

　そして，石川昌次（1996）は，「同じ身体障害でも肢体不自由のこうむった惨虐は，盲・聾児よりもむごかった」（p.35）と述べる。村田茂（1977）は，存在そのものが，前世の因縁であるという因果応報や輪廻の思想等と結びつき，悲劇が繰り返されたことからも，運命であり，家族の問題として処理されたことを指摘している。侮蔑的な呼称も多く用いられ，公的にも片輪，不具といわれていた。

　既に普及していた外科から整形外科が分化したのは，明治39（1906）年になる。欧州で整形外科とその関連領域について学んだ田代義徳は，42歳で東京帝国大学整形外科教室の初代教授となった。田代は，医局員と肢体不自由児の発見や実態調査，欧州の症例と我が国の患児の実態の比較・分析などを進めた。

　田代は，欧米で視察した，医療が主体となって，教育や職業訓練を施すクリップルホームを我が国でも実現したいと考えていた。（松本昌介，2005：杉浦，1986：蒲原宏，1962）。そのためには，社会の差別や偏見をなくす必要があった。田代は，侮蔑的な呼称ではなく，肢体不自由が身体機能の不自由さであることが理解できるように「手足不自由」「身体不自由」という用語を用いて人々に説いた（柏倉松蔵，1956：田代，1918，1930）。

　（注：ドイツ語のKrüppelは，当時，そのまま用いられることが多かった。田代が示したクリップルホームは，以下，クリュッペルハイムという。）

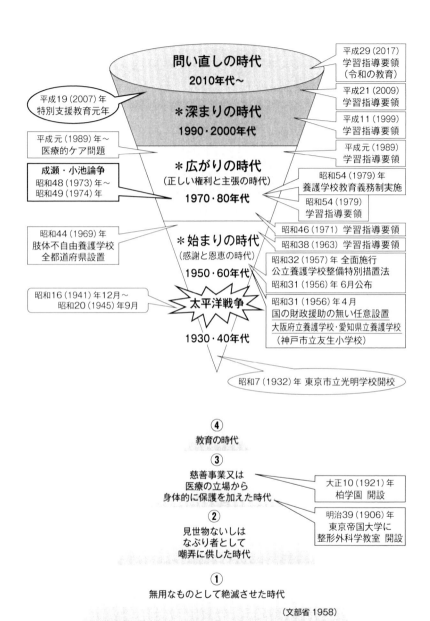

図1　肢体不自由者の処遇の変遷および教育の時代（昭和・平成）の概要（山本, 2016を改変）

田代は，整形外科学の普及，発展のほか，医療制度等も含め医学界の発展に注力するばかりでなく，肢体不自由児の救済事業にも尽力した。しかし，この救済事業については，先述した肢体不自由者の処遇が背景にあり，社会の理解が得られなかったことから，結果的にライフワークとして取り組んでいる。柏倉松蔵による柏学園，我が国初の肢体不自由児の学校である光明学校とも田代がいなければ実現しなかった。光明学校設置に関わって，田代と行動を共にした東京市の議員岸辺福雄（1963）は，のちに，東京市の助役を説得できたのは，田代の熱と意気と人格であったと記している。

　田代の後任として，大正13（1924）年に教授となったのは，35歳の高木憲次であった。高木は，肢体不自由児や家族を取り巻く環境を改善する必要を痛感し，肢体不自由児に「昂然たれ」と諭し，家族に対して「隠すなかれ」と啓蒙し，社会に対して「好意の無関心」という関わり方を訴えた。また，「肢体不自由」という呼称を提唱している（日本肢体不自由児協会，1967）。

　昭和2（1927）年には肢体不自由児の治療には母親や姉を指導することが必要であると考え「母の会」をつくった。女医竹澤さだめに指導を託し，家族，関係者で子どもを支える考えを伝えた。竹澤は，休日の活動も厭わず高木の期待に応えた（松本，2005）。

　高木は，ほかにも多くの働きをしたが，クリュッペルハイムを設立する計画はなかなか進展しなかった。昭和17（1942）年，ようやく整肢療護園として宿願を達成し，理想の療育を手がけた。しかし，わずか3年の昭和20（1945）年3月10日，東京大空襲により，看護婦宿舎，ガレージを残して焼失した。高木は，戦後，整肢療護園の再建のほか，昭和22（1947）年の児童福祉法制定において，肢体不自由児施設をその一環にすることに尽力した。委員の多くは，荒廃した国の復興を考え，多くの孤児，浮浪児の保護や福祉的施策が喫緊の課題であると考えていたが，高木は，肢体不自由児施設に関して妥協せず説得したのである。（小池文英，1981；日本肢体不自由児協会）。

　翌年，定年退官した高木は，厚生省派遣の療育チームを編成し，昭和24（1949）年から約一年間，全精力を傾けて，全国で講演や療育相談を実施し，関係者の理解を得るようにした。

高木の活動によって，一般の人々が早期の整形外科治療や療育の重要性を理解するようになったことで，肢体不自由児の処遇も改善されることにつながった。

2．教育の時代へ

　一方，明治41（1908）年から岡山県師範学校の体操教師をしていた柏倉松蔵は，肢体不自由児が体操の時間に参加できないことを気にかけていた。柏倉は，この子たちこそ学校体操に取り組む必要があると考え，文部省の講習で聞いた医療体操について興味を持つようになった。しかし，医療体操に関する情報は身近になく，マッサージが医療体操に近いのではないかと考え，マッサージを習い始めた。

　大正7（1918）年7月には，文部省の講習会で上京した際，東京帝国大学の田代を訪問し，医療体操を学ぶため研究生として入局することを願い出て，承諾を得た。11月に按摩術甲種試験に合格すると，12月には岡山県師範学校を休職し，上京した。

　上京した柏倉は，マッサージ師として診療に加わり，しばらくして医学部雇いとなる。しかし，経験を積むうちに，子どもへのマッサージや医療体操は，個別指導より教育的な環境で集団指導をする方が効果をあげることができるのではないかと考え，田代に相談する。田代は，欧米にはそういうクリュッペルハイムやクリュッペルスクールが既にあることを伝え，激励する。こうして柏倉は，クリュッペルスクール柏学園を開設した。田代にとっても，柏学園は，長年の構想を実践する最初の子どもたちになった。柏倉は，献身的な経営で，機能回復だけではなく，子どもたちが人として成長できるように心を砕いて指導した（柏倉；杉浦）。

　肢体不自由児を対象とした我が国最初の公立学校が，柏学園から11年遅れ，昭和7（1932）年に開校した光明学校である。

　田代や高木の指導を受け，実際に，準備に奔走したのは，教育局兼務の辞令をもらった東京市衛生試験所長の福島正であった。廃校になる木造校舎を改築して準備を進めた（福島正，1969）。

　光明学校は，単一障害の肢体不自由児を対象としており，治療矯正を目標に，診察治療兼マッサージ室，ギブス室，入浴室等が準備され，看護婦も配置されていた。開校した年の11月20日に，竹澤さだめが初代校

医となった。竹澤は，開校前年の昭和6（1931）年4月に，高木に勧められた欧州のクリュッペルハイムの視察から帰国していたこともあり，光明学校は，医療面においては，まだ理想のものではないと考えていた。整形外科的治療と同等に精神的治療を重視し，熱心な関わりの中で，治療体操や玩具治療を考案し，運動会の効用を示すなど，肢体不自由児に対する教育的指導を具体化していった（松本：竹澤さだめ，1939）。

　明治5（1872）年の学制では「廃人学校アルベシ」と規定されたが，具体的な内容は示されなかった。我国で最初に肢体不自由児に関する条項が教育法規に示されたのは，明治33（1900）年の改正小学校令である。文部省（1958a）は，その第33条の就学免除，猶予の規定によって，法的に学校教育の枠から外されたこと，この改正小学校令が，昭和16（1941）年の国民学校令まで初等教育を規定していたため，不具＝廃疾という観念を固定化したといっても過言ではないとしている。国民学校令においても就学免除，猶予は変わらなかったが，軍国主義が，人的資源の観点から特殊教育と結びつき，同施行規則第53条では，身体虚弱，精神薄弱，その他心身に異常ある児童で特別養護の必要あると認められる者のために，特に学級または学校を編制できるとし，それに関する規程は別に定めると示した。これを受けて「特殊学級又は学校の編成に関する規定（文部省令第55号）」では，養護学級または学校の1学級の児童数を30人以下とし，その編成を身体虚弱，精神薄弱，弱視，難聴，吃音，肢体不自由等の別にするべきであることを明示した。そして，光明学校は，国民学校令施行規則第53条を適用して，東京市立光明国民学校となった。

　昭和17（1942）年10月，文部省が開催した講習に初めて肢体不自由教育が加えられ，この頃から「肢体不自由」という呼称も用いられた。尚，光明学校が，昭和7（1932）年の開校にあたり，養護学校ではなく，小学校令（明治33年勅令第344号）第17条の規定による「小学校ニ類スル各種学校」として開校したのは，養護学校設置における国庫補助がなかったためである。

３．戦後の肢体不自由教育
（１）肢体不自由養護学校の開校

　第二次世界大戦が終わり，昭和21（1946）年11月３日に公布された日本国憲法を受けて昭和22（1947）年３月31日に教育基本法，学校教育法が公布された。教育基本法の理念を踏まえた学校教育法では，障害のある子どもたちの教育は「特殊教育」として第６章にその規定が示された。これにより，盲学校，聾学校及び養護学校が，通常の学校と同じく義務教育諸学校のひとつとなった。しかし，当時の状況について学制百年史には次のように記述されている（文部省，1972）。

　　制度の上ではこのような構想が規定されたが，その実現は決して容易なことではない。教育思潮が根底から激動し，制度・施設の面でも六・三制の義務教育の全国的一せい実施という急変革が強行されていく，その中で，何といっても少数例外者でしかない障害児たちへの教育的配慮が，にわかに実施できる余裕があろうはずもなかった。（p.776）

　そのため，以下の附則第九十三条の規定により，盲学校，聾学校及び養護学校の義務制実施は見送られた。

　　この法律は，昭和二十二年四月一日から，これを施行する。但し，第二十二条第一項及び第三十九条第一項に規定する盲学校，聾学校及び養護学校における就学義務並びに第七十四条に規定するこれらの学校の設置義務に関する部分の施行期日は，勅令で，これを定める。

　しかし，盲学校，聾学校は，大正12（1923）年の勅令で道府県への設置義務づけが行われていた実績もあり，昭和23（1948）年度から，学年進行で義務制が実施された。
　養護学校だけが取り残された背景には，これまで養護学校が存在しなかったという事情があった。義務制が先送りされた養護学校を設置するには，国からの財政援助がないため，都道府県が設置にかかる費用の全

てを負担するしかなかった。

　昭和27（1952）年8月には，「養護学校，特殊学級の教育振興の道を開くことを当面の課題」として文部省の初等中等教育局に特殊教育室が設置された（文部省，1972，p.777）。

　厚生省児童局から文部省特殊教育室室長に異動した辻村泰男（1978）は，「昭和31年には，行政整理の嵐にあって一度初等教育課に併合されて，初等・特殊教育課となり（略），昭和37年になってようやく特殊教育課として安定（略）四苦八苦が行われた。」（p.105）と述べる。

　昭和24（1949）年に大阪府教育長に就任した浜田成政は，「生みの苦しみ」と題した回想の中で，公舎の前でよく見かけた就学前の兄弟の遊ぶ姿を記している。兄の方が小児まひで「不自由な身体を動かしている彼のけなげな姿はいつも私の心を打った。」ことや，昭和26（1951）年に出かけた米国の教育行政視察の旅では，特殊教育のことを考え，「0.3～0.5％存在するといわれた肢体不自由児の学校を何としても作らなければならないと考えないわけにはいかなかった。」（浜田成政，1969，pp.667-668）とも述べている。

　浜田は，教育長になった翌年の昭和25（1950）年には，高校の英語教師であった早瀬俊夫を文部省の第5回「IFEL（The Institute For Educational Leadership）教育指導者講習（以下，IFELという）」に参加させ，昭和26（1951）年5月には全国に先駆け，大阪府の特殊教育専任指導主事に任命した。これが，文部省特殊教育室設置の2年前であることからも浜田の肢体不自由教育に対する決意のほどが察せられる。

　戦後の連合軍占領下において進められた教育改革では，戦時教育の払拭，新教育の普及浸透が図られた。昭和23（1948）年7月に教育委員会法が制定され，教育長や指導主事の養成等が必要となり全国的な講習が行われた。昭和24（1949）年には，教育職員免許法が制定され，教師の再教育も進められた。実施された講習会の中でもIFEL（開設当初は教育長等講習）の役割は大きく，教育の各分野の専門的指導者の育成を目指し，参加者の人選が行われた（文部省教育長等講習連絡室，1951）。

　早瀬は，第5回IFELに参加し，この講習がきっかけで，特殊教育のパイオニアとしての道を歩むことになった。早瀬は，講習の一環として，光明学校の視察に出向いた時，講習の指導者であったスタントン博士が，

校長と児童の症状について学校にあるカルテでやりとりしたあとの出来事を記している。「いたずらっぽく片目をつぶりながら，そっと私に『肢体不自由教育は，医学と教育が二元的であってはならない。一体にならねばならないのだ。』とつぶやかれた鋭い批評は，その時は肢体不自由教育を担当するつもりもなかった私ではあったが，いまだに耳に残る示唆にとんだ博士の言葉である。」（早瀬俊夫，2006，pp.162-163）同じ場面について，早瀬の別の文献（1992a）では，機能訓練の不備を指摘したものであると記述されている。

　開校準備にあたって，既存の大阪府立盲学校内に肢体不自由特殊学級をおくことを早瀬は起案したが，法的に疑義があると教育次長から指摘され，一度は頓挫する。早瀬は諦めず，文部省の辻村に相談したところ，文部省内で協議され（学校教育法第75条の拡大解釈：設置できないという禁止規定はない），肢体不自由児のための「希望学級」開設に漕ぎつけた（早瀬，1969）。早瀬は，単独・通学制を構想し，府の予算に学校建設費が計上されるまでの約4年間，「希望学級」で四つの研究テーマに取り組んだ。

　　① 肢体不自由児の実態把握　　② 機能訓練のあり方
　　③ 判別と教育措置　　　　　　④ 養護学校の施設，設備

　研究は，水野祥太郎，田村春雄らの医療者や糸賀一雄らの心理，福祉の専門家に指導を受けて進められた。一応の結論を得て，開校準備は円滑に進んだ（早瀬，1969；保関建典，2005；松本嘉一，2003，2006a）。そして，昭和31（1956）年，大阪府立養護学校が開校した。

　同じ年に開校した愛知県立養護学校は，昭和30（1955）年開設の肢体不自由児施設「愛知県青い鳥学園」の入園児のために園内に設置された特殊学級（病院派遣学級）を拡充強化したものである。そのため施設併設・寄宿制となっている（鷲野正昭，1969）。

　兵庫県では，神戸市が先行した。佐藤宏医師は，昭和28（1953）年から兵庫県下の2300名の肢体不自由児調査を行っている。昭和29（1954）年，兵庫県の木戸只一教育長は，神戸市で603名が受けた検診を視察し，肢体不自由児を放置することはできないと，神戸市における肢体不自由養護学校の開校を決意した。

　神戸市の学校設置構想では，施設併設や養護学校案も検討されたが，

県と市の関係性や経費等の市費の負担も考慮し，養護学校を単独・通学制の友生小学校として開校することになった。校舎が環境の良い住吉小学校の北校舎と決まった時には，反対運動があった。しかし，「住吉小学校の父兄たちから『めぐまれぬ子どもたちを援助するのは我々の務めではないか』との意見が次第に多くなり，住吉小学校で映画『しいのみ学園』が上映されてからは，いっそうこの機運が高まり，ついに地元の全面的な協力を得るところまでいった。」(仲島武子，1969，p.207)

　「しいのみ学園」は，昇地（山本）三郎が二人の息子を含めた小児まひの子どものために開設した施設で，昭和30（1955）年に映画化された。全国的な反響を呼び，肢体不自由児を知り，理解を示す人々が急増した。この頃は，戦後の復興から，世界でも例のない高度経済成長に入っていく。人々の暮らしが安定し，将来に夢や希望がもてるようになった生活の変化は，根強かった差別や偏見にも変化をもたらした。

　大阪府，愛知県が自前で養護学校設置を進める一方で，義務教育諸学校と同等の国庫補助が受けられるように「公立養護学校整備特別措置法」の立法運動が展開されていた。肢体不自由児の親の会や教育，福祉の関係者が，懸命に活動し，関係議員に陳情，参議院本会議を各派共同提案の議員立法として通過させた。しかし，別の審議で大荒れの国会となったため，成立が危ぶまれ，更に関係議員への陳情を繰り返す必要が生じた。そうした関係者の努力により，衆議院本会議において，満場一致で可決された（西川春彦，1969）。昭和31（1956）年6月に公布された「公立養護学校整備特別措置法」成立において，「特殊教育育ての親」といわれる辻村が果たした役割は，大きかった（早瀬俊夫，1992b）。

　この法律は，公立の養護学校の設置を促進し，教育の充実のために必要な経費について，国及び都道府県の費用負担，その他必要な事項に関し特別の措置を定めたものである。そして，この後，徐々に肢体不自由養護学校設置に向けた活動や支援が進められた。文部省は，未設置の20県に対して，昭和41（1966）年度までに最低1校設置するように助成措置を講じ，昭和42（1967）年度から都道府県に設置を義務付ける目途をたてた。その結果，昭和44（1969）年度に肢体不自由養護学校が全都道府県に設置された。

（2）四つの時代区分

　図1の上に示した時代区分「始まりの時代」「広がりの時代」「深まりの時代」は，元大阪府立堺養護学校長の松本嘉一によるものである。本書における対象観の検討では，戦後の経緯に詳しく，自らもその時々の課題と対峙し，道を開いてきた松本の体験に基づく時代区分を参考にすることが有効であると考えた。

　「始まりの時代」「広がりの時代」「深まりの時代」については，平成15（2003）年10月に筆者が，松本から聞き取った内容，平成18（2006）年2月の松本の講演内容，松本が平成12（2000）年に著した文献をもとに再構成したものを松本の語りとして記述するが，内容を補足するために関連する文献を加え，引用を示す。「問い直しの時代」は，現状を踏まえ，筆者が示したものであり，その理由は，後に述べる。

　「始まりの時代」は，肢体不自由養護学校がその前身である肢体不自由施設内の学級も含めてぞくぞくと生まれた時期である。そして昭和44（1969）年になり，全都道府県に設置された。しかし，当時の養護学校は定員制で，単一障害を対象としており，親の付き添いができない児童生徒には入学を断っていた時代でもある。教育と無縁であった肢体不自由児や保護者が，入学できることになった学校に対して「入れていただいてありがとうございます。」と考える「感謝と恩恵」の時代であった。

　手足が不自由なだけで小学校・中学校に入れなかった彼らは，養護学校で水を得た魚のように勉強した。当時の在籍児童の過半数は脳性まひであったが，肢体不自由の三大疾患といわれたポリオ（脊髄性小児マヒ），カリエス（結核性関節炎），先股脱（先天性股関節脱臼）の子どもらが幅を利かせていた。しかし，その症状が骨や関節に残り，海水浴に行ったりすると，その変形の激しさに思わず目をそらしたこともあった。

　カリエスの子どもを普通高校へ進学させようと教育相談に行くと，柔道はできるか，剣道はできるかと聞かれて口惜しい思いをしたのもこの時代であった。

　この時代，高校側は，肢体不自由児を入学させても，必修科目の保健体育科の単位が取れないならと，合格させても卒業できないことを理由に不合格とすることが多かった。しかし，文部省は，昭和25（1950）年

に「保健体育科の取り扱いについて」という通達を出しており，これが，現場に浸透していなかったわけである。肢体不自由児に対する関心の低さが窺える。

　入試の成績が二番でも不合格となった岩手県の少女や，合格発表の朝，校長から入学辞退を勧告された東京都の男子高校生のことが新聞で取り上げられ，文部省（1958b）は，入学取り消しは誤りであって，実態に応じて教科の学習をさせることは可能であり必要という見解を再度示したこともあった。

　「広がりの時代」は，ようやく全都道府県に養護学校が設置され，就学猶予，免除とされていた児童への訪問教育が展開していく時期である。この時期には大きく二つの視点があった。

　ひとつは，単一障害でありながら教育の機会を与えられなかった児童が，いかに学力を深め高めて通常の学校の児童に追いつき，また追い越していくのかということが指導の目標になったこと。

　もうひとつは，肢体不自由養護学校に就学する児童生徒の疾患や実態が，保健事業や医療の進歩で大きな変化を遂げ，単一障害で通学可能な者を対象とするにとどまらず，保護者の付き添い介助を条件に重複障害者が就学するようになったことである。この頃，脳性まひの児童らが80％を超えるようになった。

　どんなに重い障害であっても，教育を受ける権利があるのではないかという理解の広がりの中で，正しい権利が主張できるようになり，様々な児童生徒の姿が出てきた。所謂，重度，重複化に対応した指導が模索され養護・訓練が定着した時代である。

　昭和45（1970）年，大阪府立茨木養護学校の開校と同時期に，大阪府教育委員会は，就学猶予・免除の子どもに対する訪問教育を開始した。地元の親の会の協力を得て教師も隠れた不就学児を探し出す運動に加わり，家庭訪問することもあった。

　家庭訪問では，「この子を学校に入れて一体何を教えてくださるのですか。」と，もうあきらめが何度も重ねられた静かな声で問われ，「本当に私たちは何ができるのだろうか。」と思うと，言葉を失ったこともあった。重い沈黙のあと，「正直なところ，何をどう教えればよいのか，今の私にはわかりません。…手を握り，身体をさするだけで１年を終わ

るかもしれません。…私たちも勉強します。…お母さんも一緒に勉強してください。」と、苦しまぎれの答えに「そう言っていただくだけでうれしいのです。学校へお願いします。」と涙声で応えられたこともあった。

　しかし、入学後に亡くなる場合もあり、通学すること、学校の設備等の不十分さを思うと、「これでよかったのか。」と、次々と後悔が湧くこともあった。

　子どもたちとの切磋琢磨の中で、やがて、排泄や食事について「介助は、教師がしようか。」という考えが校内で提案された。しかし、反発もあった。比較的若い教師が抵抗なく取り組み始め、介助を教師がしていくことになった。この背景には、「児童が、自分で何とか食事がとれるようになることに、大きな教育的意義があるのではないか。」、「一人一人の障害や発達の状況に即した教育を！」と様々な研究会で白熱した論議が行われたことがある。

　しかし、研究会などで、茨木養護学校の親の付き添い制廃止の実践報告をする度に、「我々は教師であって保母ではない。」「教師の専門性の否定だ。」「知育こそが教育の根幹だ、介助は知育ではない。」と先輩校からは厳しい批判が寄せられた。最年長34歳（松本）、平均25歳の中学部の教師たちは、どんなに重い障害の子どもたちも学校へ！と使命感に燃え、実践を重ねた。介助は、見よう見まねで親のやり方を学び、また関係者から学ぶという状態で続けられた。

　（松本が）現場を離れ、大阪府教育委員会へ異動したあとも若い教師たちの苦闘は続いたが、その努力は次第に成果を上げ、養護学校への信頼が高まった。そして、最大834名を数えた就学猶予、免除の子どもたちの数は急激に減少し、義務制施行へと繋がっていく。大半が就学した。未就学だった我が子がスクールバスに乗って一人で学校に通うことについて、「本当に夢かと思いました。」と喜ぶ母親もいた。

　しかし、学校間格差もあり、教育内容やその効果には差がみられた。教職員組合などからは、介護職員配置の要求や要望もずいぶん出た時期でもある。

　三つ目の「深まりの時代」になると、脳性まひ以外の他の脳性疾患が増加し、経管栄養注入、たんの吸引等の医療的ケアの必要な児童生徒の問題が提起された。家族によって行われることが前提とされている医療

的ケアを，学校で家族の付き添いなしに実施することが検討された。これは，昭和62（1987）年，東京の北養護学校長青柳勝久から，学校での医療行為について，医師法や保健婦助産婦看護婦法の壁をどう克服するかという問い合わせから始まった。その後，近畿の肢体不自由養護学校長会での調査や全国校長会で提起していくことになる（松本，2006b）。

校長会の平成2（1990）年度の調査では脳性まひ以外の疾患が478疾患であり，東京や大阪でそれぞれ80名を超える医療的ケアの対象児がいることも分かった。そして，文部省や厚生省から指針が出ないまま，関係の医師等と協議しながら学校現場が先行し，積極的に医療的ケアに取り組んだ時代でもある。

しかし，批判もあった。ひとつは，学校で行っている医療的ケアが，医師法第17条違反だということ，もうひとつは，そんなに重い障害の子どもは，何もわざわざ通学しなくとも訪問教育という制度があるではないか，無理に通学させて，医療的ケアを声高に言っているのではないかということであった。

医療的ケアにおいては，しばりをかけ，組織的にも方法にも限定して対応しており，内容的にも決して学校における「医療行為」ではないという仕組みをつくっていた。

この時は，むしろ，批判されることで，多くの人々に，医療的ケアを必要とする子どもたちが，懸命に生き，通学し，学んでいるという事実を知ってほしいと考えた。大人には，この子たちの生命を守り，豊かに育てる義務がある。そのために模索しながらこれまで実践を重ねてきた。

肢体不自由教育の発展の当然の帰結が医療的ケアであるという事実を発信したいとも考えた。その一方で，最悪の事態も考えていた。訴えられ，裁判になり，報道されると，多くの人々がこの現状を知ることになる，そうなることで前へ進むのであれば，自分が責任をとる覚悟もした。幸い，最悪の事態は避けられた。

平成10（1998）年度には，脳性まひ以外の疾患は推定750疾患になった。障害の重度・重複化，多様化の傾向は進んだ。学校の設備や研修内容では，課題もあったが，医療的ケアは，全国的なものとなり，在宅介護等，地域福祉にも繋がっていった。

平成16（2004）年10月には，文部科学省と厚生労働省から「盲・聾・

養護学校におけるたんの吸引等の取扱いについて（通知）」が出され，両省の見解が示された。

　児童生徒の重度・重複化，多様化への対応では，現実には多くの矛盾もあった。健康の保持増進に特別な配慮を要する児童生徒にとっての教育の在り方をどう考えればよいのか，教育のハードやソフトをどう充実し，変革しなければならないのか，手の届くところから一つ一つ実現していかなければならないと考えた。

　一方，通常の学校に通学する肢体不自由児も大幅に増加した。新たな課題を抱きつつ，着実にこの教育は進んできた。

　以上のような松本の時代区分に続けて筆者は，特殊教育から特別支援教育への転換以後の平成22（2010）年からを「問い直しの時代」と示した。どの子どもにもあるはずの教育を受ける権利が保障されず，関係者が努力を重ねた時代から，現在は，障害のある全ての子どもが，特別支援教育という新しい制度で，個に応じた教育を保障される時代になった。文部科学省（2007）が特別支援教育への転換期に広く社会に伝えた「子ども一人一人の教育的ニーズにこたえます！」の「教育的ニーズ」については，松本（2006a）が次のように指摘している。

　　子どものニーズに即して。ニーズというのは，私がこの学校に入る前から「ニーズ，ニーズ」と早瀬校長に言われた。「子どものニーズにあった教育をするんだ。」と，耳にタコができるほど言われた。それが，最近また言われるようになった。

　特別支援教育は，新しく示された教育の枠組みであるが，その本質は，「子どもの実態から出発する」という「子どもの教育的ニーズにこたえる教育」である。松本の指摘からも，これが，障害のある子どもの教育の不易であることがわかる。時代の要請に応える教育改革と共に，この教育の根幹をなすものである。

　時代を遡れば，先達との接点やつながりに気づき，同じ役割を担う教師として，この教育の不易流行から，「いま」を考えることができる。そのためには，「問い直す」ことが必要である。

また，新しい特別支援教育の制度が軌道に乗ってきた「問い直しの時代」には，社会も多様化する中で，保護者の様々な姿がみられるようになった。その対応に苦慮する教師もいる。

　医療的ケアについては，一定の方向性が示され，どの教師も理解し，対応するようになった。しかし，医療的ケアと健康観察に終始しているような授業も散見される。

　子どもにとって医療的ケアや健康観察が十分なされることは必要である。しかし，子どもが学校へ来て，「やりたい」と思っていることは，それではないはずだ。教師に会いに学校に来ているわけでもない。友だちと一緒に過ごす中に学びがあり，課題にチャレンジする活動が，授業である。子どもにとって，教育とは，生きる努力の総称である。それを仕掛けるのが教師の役割である。授業動機や教授意欲に欠けていては，子どもが夢中になる学習活動は生みだせない。教師が，どのような対象観を持っているのかが問われることになる。授業案では，児童（生徒）観，題材（単元）観，指導観を示すが，この三つの観が明確でないと，子どものニーズにフィットした授業にはならない。

　戦後70年以上が経ち，学校現場では，障害の重度・重複化，多様化も含めた肢体不自由児への対応力が蓄積されてきた。これらは，子どもの実態や時代のニーズに応じて，アレンジしたり，究めたりするものである。教師には，子どもへの愛情だけではなく，今日を土台に，明日へチャレンジする勇気が必要である。そのためには，よく考える作業とそのプロセスが重要になる。

　鷲田清一（2014）は，「『哲学する』とは，知っている（と思い込んでいる）ことを改めて問い直す作業だ。いちどきちんと考えてみようという人たちすべてに開かれている」と述べている。

　筆者は，特別支援学校の教育課程や授業改善において，日々の教育をこれで良いのかと問い直し，歴史的な視点で「いま」を考えることが必要であると考えている。松本の「深まりの時代」のあとを「問い直しの時代」としたのは，そのような理由による。

　松本の時代区分からは，その時代に応じた対象観が伺え，むしろ「肢体不自由」という一括りにはできない実態が読み取れる。

　そこで，さらに理解を深めるために「肢体不自由教育の実態の変化」

の概要を示す。図1，2とも時代を下から上へ示してある。これは，先達の実践の積み重ねがあっての「いま」であることを捉えやすくするためである。

　時代が進む中で，自分がしていることは新しいことであると思いがちであるが，その足元に教育の不易があることを考えたい。

４．肢体不自由教育の実態の変化

　昭和29（1954）年に行われた文部省の第１回肢体不自由児実態調査の結果（以下，実態調査という）では，肢体不自由児の四大疾患といわれた先天性股関節脱臼，ポリオ，脳性まひ，結核性関節疾患が大半を占めていたが，昭和40年代には脳性まひだけが増加していく（文部省，1982）。

　ポリオは，国が伝染病対策を進め，昭和29（1954）年に届出伝染病とし，昭和34（1959）年６月には法定伝染病に準じる指定伝染病とした。この間に，海外で発明されたポリオワクチンの輸入や国産化の努力によって，昭和39（1964）年には国産ポリオ生ワクチンによる定期接種（２回接種）が開始され，患者数は減少していった（平山宗宏，2007）。先天性股関節脱臼についても医師の診療や保健指導，乳幼児健診の普及による早期発見・早期治療の効果がみられるようになった。「完治できる疾患である」と社会に認識されたことが，患者数の激減にもつながった。

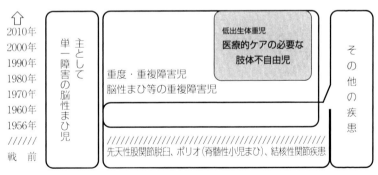

図２　肢体不自由教育の実態の変化（山本，2014）を修正

　結核性関節疾患は，公衆衛生制度の確立と，昭和28（1953）年に定め

られた結核予防法をはじめ結核対策の普及・徹底化でほとんど根絶された。四大疾患の三つの疾患の原因が解消され患者数が激減したことは、肢体不自由養護学校の在籍者の実態にも表れている。昭和29（1954）年の実態調査に対して、昭和31（1956）年に開校した大阪府立養護学校と愛知県立養護学校の昭和35（1960）年と昭和45（1970）年の在籍者の病類別割合を各校の資料から抽出して表1に示した。

　昭和45（1970）年の割合は、脳性まひが7〜8割を占めるようになっている。昭和20年代後半（1950年代）から、脳性まひの増加に応じるように、治療や療育についての国内の文献がいくつも出始めた。この子どもたちが、昭和30年代半ば以降に就学する。

表1　在籍児の病類別割合　昭和29（1954）年・昭和35（1960）年・昭和45（1970）年

疾　　　患　　　名	第1回 肢体不自由児実態調査	大阪府立養護学校		愛知県立養護学校	
	昭29	昭35	昭45	昭35	昭45
脳　性　ま　ひ	14.55%	72.2%	84.6%	55.1%	74.2%
ポ　リ　オ	20.13%	17.3%	6.3%	28.5%	8.5%
先天性股関節脱臼	24.97%	記載無	記載無	7.5%	0.3%
結核性関節疾患	14.22%	5.5%	1.0%	記載無	記載無
そ　の　他	26.13%	5.0%	8.1%	8.9%	17.0%
合　　計	100%	100%	100%	100%	100%

　その後、医療の進歩により新生児の救命率が向上し、なかには、医療的ケアを必要とする子どもたちも含まれるようになった。図2に示したように平成（1990年頃）以降、その子どもたちが就学し、学校における医療的ケアが課題となった。近年では、さらに、新生児・周産期医療の進歩による低出生体重児も増加し、NICUにおける発達ケアへの課題も指摘された（木原秀樹・中野尚子、2009）。

5．肢体不自由教育の学習指導要領における対象観

　本書で取り上げた学習指導要領および同解説書は、表2の通りである。また、他の文部省（文部科学省）著作刊行物と肢体不自由教育の中央誌としての性格をもつ『肢体不自由教育』などを主な資料とし、各学習指

導要領における対象観を以下の視点で分析した。

① 特殊教育（特別支援教育）の特別な指導分野とされる機能訓練，養護・訓練，自立活動と特例について，医療と教育の視点からその記述を捉え，対象観を分析する。

② 肢体不自由教育に関する史料の中にある人々の証言から，肢体不自由児に対してどのような教育や医療が必要だと考えられていたかを探り，学習指導要領との関係において分析する。

表２　本書でとりあげた昭和・平成の学習指導要領及び同解説一覧

NO	制定年	名称
1	昭和38（1963） 昭和39（1964） 昭和40（1965）	・養護学校小学部学習指導要領肢体不自由教育編 ・養護学校中学部学習指導要領肢体不自由教育編 ・養護学校小学部・中学部学習指導要領肢体不自由教育編解説
2	昭和46（1971） 昭和49（1974）	・特殊教育諸学校小学部・中学部学習指導要領 ・養護学校（肢体不自由教育）学習指導要領解説
3	昭和54（1979） 昭和58（1983）	・盲学校，聾学校及び養護学校小学部・中学部学習指導要領 ・特殊教育諸学校学習指導要領解説－養護学校(肢体不自由教育)編
4	平成元（1989） 平成4（1992）	・盲学校，聾学校及び養護学校小学部・中学部学習指導要領 ・特殊教育諸学校学習指導要領解説－養護学校(肢体不自由教育)編
5	平成11（1999） 平成12（2000）	・盲学校，聾学校及び養護学校小学部・中学部学習指導要領 ・盲学校，聾学校及び養護学校学習指導要領解説(小学部・中学部) －総則等編－　　－自立活動編－
6	平成21（2009）	・特別支援学校幼稚部教育要領特別支援学校小学部・中学部学習指導要領 ・特別支援学校学習指導要領解説　－総則等編－　　－自立活動編－

本書では，学習指導要領，同解説書について，制定年で記述する。

文　献

福 島　　正(1969) 昭和の初めの頃の思い出　私の思い出　第４部あのころ・
　　このとき　肢体不自由教育の発展改訂増補版　全国肢体不自由養護学校
　　長会編　日本肢体不自由児協会　pp.649-650

浜 田 成 政(1969) 生みの苦しみ　第４部あのころ・このとき　肢体不自由教
　　育の発展改訂増補版　全国肢体不自由養護学校長会編　日本肢体不自由
　　児協会　pp.667-668

早 瀬 俊 夫(1969) 私の思い出　第４部あのころ・このとき　肢体不自由教育
　　の発展改訂増補版　全国肢体不自由養護学校長会編　日本肢体不自由児
　　協会　pp.665-666

早 瀬 俊 夫(1992a) １最初の公立肢体不自由養護学校－大阪府立養護学校
　　Ⅰ戦後肢体不自由教育事始め　証言で綴る戦後肢体不自由教育の発展
　　肢体不自由教育史料研究会編　日本肢体不自由児協会　pp.30-34

早 瀬 俊 夫(1992b) ２辻村泰男先生（1913-1979)　Ⅲ人と業績　証言で綴
　　る戦後肢体不自由教育の発展　肢体不自由教育史料研究会編　日本肢体
　　不自由児協会　pp.241-243

早 瀬 俊 夫(2006) 肢体不自由教育十年の回顧（再録）　創立五十周年記念実
　　行委員会記念誌係編　大阪府立堺養護学校　pp.162-163

平 山 宗 宏(2007) ポリオ生ワクチン緊急導入の経緯とその後のポリオ　私
　　の歩んだ研究の道とそこからの教訓①－ポリオワクチン　小児感染免疫
　　Vol.19　No.2　pp.189-196

保 関 建 典(2005) 戦後肢体不自由教育小史－大阪府立堺養護学校沿革史　肢
　　体不自由教育50年の課題－大阪府立堺養護学校教育心理検査室のあゆみ
　　　大阪府立堺養護学校　pp.1-6

石 部 元 雄(1974) 障害児教育史　世界教育史大系33　講談社　p.154

石 川 昌 次(1996) 肢体不自由教育論　中央法規　p.35

柏 倉 松 蔵(1956) 肢体不自由児の治療と家庭及学校　柏学園

木 原 秀 樹・中 野 尚 子(2009) 早産・低出生体重児のよりよい発達を支援す
　　るために　ベビーサイエンス2009　vol.9　日本赤ちゃん学会　pp.2-23

岸 辺 福 男(1963) 二．五十日祭と追憶談　田代秀徳編　先考遺影　pp.258-259

小 池 文 英(1981) 高木先生と肢体不自由教育（1888-1963)　第二部人とその
　　業績　特殊教育三十年の歩み－戦後を支えた人と業績－　心身障害児教
　　育財団編教育出版　pp.232-238

松田竹千代(1935) 肢体不自由者救済教育令制定の建議　第Ⅳ部　発展充実期
　　の柏学園　杉浦守邦著　日本最初の肢体不自由学校柏学園と柏倉松蔵
　　山形県特殊教育史研究会　pp.342-349

松 本 昌 介(2005) 竹澤さだめ　肢体不自由児療育事業に情熱を燃やした女医
　　田研出版

松 本 嘉 一（1991）教育における医療的かかわりを考える　日本肢体不自由教育　研究会研修委員会編　肢体不自由教育　第100号　日本肢体不自由児協会　pp.14-21

松 本 嘉 一（2000）励まし合った子どもたち　はげみ通巻270号　日本肢体不自由児協会　pp.12-13

松 本 嘉 一（2003）肢体不自由教育の変遷について（筆者による聞き取りの記録）

松 本 嘉 一（2006a）大阪の肢体不自由教育を観る～その誇りと反省～　大阪府立堺養護学校創立50周年記念行事記念講演（収録2006年2月3日）

松 本 嘉 一（2006b）1医療的ケア断章－私史的観点から　医療的ケア－あゆみといま，そして未来へ　大阪養護教育と医療研究会編　クリエイツかもがわ　pp.74-85

文 部 省（1958a）肢体不自由児教育の手引き（上）　日本肢体不自由児協会

文 部 省（1958b）入学取消は誤り　日本肢体不自由児協会編　機関紙手足の不自由なこどもたち　第2号　2面

文 部 省（1972）学制百年史　帝国地方行政学会

文 部 省（1978）特殊教育百年史　東洋館出版社

文 部 省（1982）肢体不自由教育の手引き　日本肢体不自由児協会

文部省教育長等講習連絡室（1951）教育長等講習報告書1948-1950年　p.1-2

村 田 茂（1977）日本の肢体不自由教育－その歴史的発展と展望　慶応通信

仲 島 武 子（1969）1.学校開設までの経緯　第3部養護学校の設置と発展　肢体不自由教育の発展改訂増補版　全国肢体不自由養護学校長会編　日本肢体不自由児協会　pp.207-208

日本肢体不自由児協会編（1958）高校進学は無理か　日本肢体不自由児協会編　機関紙手足の不自由な子どもたち第2号　2面

日本肢体不自由児協会編（1967）高木憲次－人と業績　日本肢体不自由児協会

西 川 春 彦（1969）立法運動の思い出　第4部あのころ・このとき　肢体不自由教育の発展改訂増補版　全国肢体不自由養護学校長会編　日本肢体不自由児協会　pp.677-678

杉 浦 守 邦（1986）日本最初の肢体不自由学校柏学園と柏倉松蔵　山形大学教育学部養護教室　山形県特殊教育史研究会

竹 澤さだめ（1939）整形外科と光明学校　光明学校紀要　第六輯

田 代 義 徳（1918）第三部会の記録　東京府慈善協会報　第4号　p.21-22

田 代 義 徳（1930）手足不自由なる児童の保護施設につきて－教育局，社会局及保健局長に望む　市政　第1巻　第6・7号　市政講究会　pp.14-17

辻 村 泰 男（1978）障害児教育の発達　障害児教育の新動向　日本文化科学社　p.105

蒲 原 宏（1962）ъ.日本近代整形外科の誕生　日本の近代整形外科が生まれるまで（日本整形外科小史）　整形外科13　南江堂編　pp.1132-1137

蒲 原　　宏（1975）日本整形外科史における田代義徳先生　その父たるものの
　　　条件　整形外科26　南江堂編　pp.901-906

鷲 野 正 昭（1969）1. 学校開設までの経緯　第3部養護学校の設置と発展　肢
　　　体不自由教育の発展改訂増補版　全国肢体不自由養護学校長会編　日本
　　　肢体不自由児協会　p.199

鷲 田 清 一（2014）哲学の使い方－天眼－　7月13日付朝刊　京都新聞　1 面

山 本 智 子（2014）肢体不自由児の教育の在り方に関する一考察　皇學館大学
　　　紀要第52輯　pp.105-120

山 本 智 子（2016）肢体不自由教育における対学者の変容への取り組み
　　　～1950・60年代を中心として～　皇學館大学紀要第54輯　pp.105-126

第1章　整形外科医らの対象観

　整形外科の診療が始まったことで，それまで医療の対象ではなかった肢体不自由者が，治療を受けられるようになった。

　肢体不自由者には序章で述べたような時代背景があり，高取吉雄（2012）は，「田代の逸話に，『見せ物小屋に行って，治療できる患者が見せ物にされている現状を見ておくように』と述べ，医局員に活を入れたというものがある。」ことを取り上げている。

　初代教授となった田代義徳の数多くの業績は，我が国の医療，整形外科の発展と肢体不自由者の救済，肢体不自由教育の礎となった。

　岡山県師範学校の体操教師であった柏倉松蔵は，田代に師事したが，医師ではない柏倉を研究生として迎え入れ，のちに医学部雇とした田代の人柄が偲ばれる。これが，我が国初のクリュッペルスクール柏学園の開設につながる。

　高木憲次は，35歳で田代の後任となり，また，肢体不自由児に必要な多くの支援を実践した。医学的にも長年にわたる業績は国内外で高く評価されている。

　この三人が田代の医局で出会ったのは，大正7（1918）年12月，田代54歳，高木29歳，柏倉36歳の時であった。

1．田代義徳と「整形外科」

　田代義徳は，元治元（1864）年7月26日，栃木県足利郡田中村の田部井家の三男として生まれた。田中村は，ほとんどが専業農家で，田部井家は，代々名主をつとめる家柄であった（田部井健二，2014）。父，森平は，幼くして他界している。田代は，大政奉還，明治維新と歴史が大きく動く中，教育熱心な母，きせによって育てられた。

　田代は，熱心に学び，秀才で小学校（立教舎）を卒業後，栃木市の神道系の中教院で国学，漢学を学ぶ。15歳で地元に戻り小学校の教師を務めるが，更に学問を究めたいと明治12（1879）年に上京する。上京の手段は，夜半に足利の北猿田河岸より小舟（高瀬舟）で出発し，渡良瀬川から深川へ至るという過酷な三日間の川下りであった。

上京後，汎愛学舎で英語を学び，訓蒙学舎に転学してドイツ語を学んだあと，東京帝国大学医学部予備科に合格，親友となる入沢達吉と出会う。明治16（1883）年には，19歳で本科に入学，陸軍軍医艦となる外科医田代基徳の養子になり，長女春子と結婚した（田部井；蒲原宏，1962，1975）。

　我が国の近代化を志向した医学の発展について少し記すと，江戸時代，出島に置かれたオランダ商館に滞在するオランダ人の診察や治療にあたった商館医から多くのことを伝えられた。シーボルトは，着任した翌年には鳴滝塾を開いて系統的な教育を行っている。同時期，オランダ語通訳の長官である大通詞であった吉雄耕牛や楢林鎮山も，それぞれ商館医から学び，吉雄流紅毛外科として，また，外科書『紅夷外科宗伝』を著し楢林流外科として，系統だった西洋医学教育を行っている。ここに医学生たちが全国各地から来て学んだ。この時期の医学について，蒲原宏（1987）は，歴史的に①我が国の民族としての伝統的な医学の呪縛からの解放，②家芸的な奥義秘伝の旧療術からの脱却③近代西洋外科の受容という段階を経て辿り着いたと述べている。

　田代は，明治21（1888）年11月に東京帝国大学医学部を卒業すると，大学に残り，外科学の佐藤三吉教授，スクリバ教授の助手となる。一方，私立の医学校である済生学舎の外科学の講義を担当したり，養父基徳が開業した田代病院の診療を担当したりもしている。明治26（1893）年には医局を離れ，大学院へ進み，明治29（1896）年から緒方正規教授につき細菌学を修める。明治31（1898）年に養父基徳が逝去し，田代病院院長となり養父が創刊した医事新聞の編集発行も継承した（杉浦守邦，1986；田部井；蒲原，1962，1975）。

　明治28（1895）年，田代の後輩であった林曄は，私費留学し，ドイツ，ハイデルベルグ大学のウルピウス教授のもとで「外科的矯正術」を学び，帰国後「外科矯正術」を標榜して開業していた。このことも影響して，明治32（1899）年，東京帝国大学医学部教授会は，外科整形術と歯科学の新講座設置を決め，文部省の承認を得た後，人選に入った（蒲原，1962）。田代が選ばれた経緯について，蒲原（1987）は「スクリバ門下の後輩近藤次繁とベルツ門下の入沢達吉は，田代を強力に推せんした。外科第2講座佐藤三吉教授の快諾を得て田代の大学教官復帰，ついで文部省留学

生として，『外科的矯正術研究のため独墺両国に留学』を命ぜられたのが，明治33（1900）年6月9日のことであった。」（p.7）と記述している。

　3年の留学中，田代は，ベルリン大学ではウオルフ教授，ハイデルベルグ大学ではウルピウス教授，ウィーンではロレンツ教授，ウュルツブルグではホッファ教授らのもとで，整形外科一般，整形外科的マッサージ及び理学療法，レントゲン学等を学んだ。また，「ロレンツの先天性股関節脱臼の非観血的治療をめぐり，明治34（1901）年9月23日，ドイツ外科学会から整形外科医が離脱して，ドイツ整形外科学会を創立するのをかい間見ている。」（蒲原，1987，p.7）

　明治36（1903）年9月11日に助教授となり，明治37（1904）年3月24日に帰国すると，医学博士の学位が授与された。留学先から，医療体操の装置等も持ち帰っている。（中川一彦，1984）。

　帰国後，外科学第2講座を担当し，陸軍戸山病院で日露戦争の戦傷患者に対し，軍陣外傷外科の診療を行った（蒲原，1987）。

　明治39（1906）年4月4日勅令第68号で整形外科教室開設が公示され，田代は5月9日に教授に任命された。診療開始は10月11日。入沢内科の一角を割譲された14床で，スタッフは，助手の丸山譲，看病婦2名，小使1名であった（蒲原，1962，1975，2006）。同じ年に京都帝国大学医科大学，2年遅れた明治41（1908）年に京都帝国大学福岡医科大学（現九州大学）が整形外科教室を新設した。

　「整形外科」という名称は，田代が入沢らと協議し決定した。それまでこの領域の名称はいくつかあったが，田代によって統一され，明治40（1907）年「整形外科の説」に定義が示された（田代，1907）。

　　なにをか整形外科という。曰くその発生の先天性と後天性を問わ
　　ず，原発性と継続性とに論なく，またその原因のいかんに関せず，
　　骨格及び関節が，その正常の形状と方向を変じ，その生理的の運
　　動を誤れる場合において，これを討究して，その本態を明らかに
　　し，これを類別してその系統所属を定め，これが予防および療法
　　を講ずる学科をいう。

　田代は，先天性や乳幼児期に発症した疾患に注目するとともに，これ

まで小児科で扱っていた疾患については，連携して対応することを考えた。先天性股関節脱臼については，田代が留学先のドイツの実態から日本にも患者がいると認識を改め，治癒できる疾患であることを症例で示したことで患者が増加した（松本昌介，2005）。

　しかし，当時の人々は整形外科の情報を十分持っておらず，保護者の都合で治療が中断されることも多かった。田代病院の診療では，治療を中断してしまう患者の保護者に「費用は，一切心配ない。旅費だけ調達して，子どもだけでも来院されたし」（田部井，p.18）と，田代は手紙を送らせている。

　医局開設から10年，高木が入局した大正5（1916）年7月から1年間，田代は第一次世界大戦における軍陣医学視察のため欧米へ出かけた。そして，米国で肢体不自由児のための職業訓練校やドイツではクリュッペルハイムも見学している。

　帰国後の大正6（1917）年12月には，三井慈善病院院長をしていた縁で，東京府慈善協会第三部会（保健衛生部会：救済・教療・特殊保健を内容とする）の部長を引き受けたことから，「手足不自由ノ為メ自活スル能ハザル廃人ノ状況如何医療及ビ授産ニ由リテ自活ノ方法ヲ講ジセシメタクコト」を協議にあげている。当時，国は，第一次世界大戦後の救済事業の必要に迫られ，大正7（1918）年6月に救済事業調査会を設置し，7月6日には緊急事項を提出するように東京府慈善協会の各部長に諮問を行った。同日早速，田代の第三部会は主査会を開き，9月の第三部会の決議を経て，クリュッペルハイムの設置を社会事業の緊急事項として提案することを決めた。この後，東京府知事から諮問があり，第二部会と協議した記録もあるが，田代の提案がどのように調査会に反映されたかは不明である（杉浦：高取）。これ以降も田代は，クリュッペルハイムの提案を行っていく。大正9（1920）年6月には，第5回全国社会事業大会において，第三部会部長として以下の理由書を添えて，医療，教育，職業訓練の三つを兼ね備えた肢体不自由児のための施設の設置を訴えた（東京府慈善協会，1920）。

棄廃児童救護機関設置に関する建議の件

　生来または病気にて身体不自由なる児童に治療教育授産の三方法を講ずる事は廃民を絶滅して自力にて衣食し得る人間を作らんとする次第なれば貧民防止の方法として尤も顕著なる成績を挙げ得べきものなり，欧米既に此事業に着手するあり，我国も是非とも此棄廃児童をして父兄の厄介より脱せしめ国富増進に参加し得る一人前の人間と仕立上げたきものなり

　この提案は，子どもを対象に，教育を明示し，保護者の負担にもふれている。また，大正6（1917）年12月の協議内容では，Krüppelを「手足不自由」としたが，ここでは「身体不自由」と表現している。不具や片輪ではなく，整形外科では機能回復を目指すことから，身体機能の「不自由」さを表現した田代の意図に注目したい。肢体不自由児への理解を求め，人々の目や耳から入る言葉を大切にしたと考えられる。この提案は，可決された（大原社会問題研究所，1921）。

　大正10（1921）年5月には，柏倉松蔵が，田代を顧問兼監督として柏学園を開設した。田代は，多忙な中にあっても柏学園を訪れることを厭わず，柏倉を指導し，物心両面で支え続けた（柏倉松蔵，1956）。田代が，懇意にしていた醤油醸造業の浅田政吉に柏学園の話をしたことから，5000円の援助を受けることができ，窮状をしのいだ。浅田は，その後も後援者として心配りのある支援を続けている。また，関東大震災の後，大正14（1925）年4月には，恩賜財団慶福会より5000円の助成金が交付され，新校舎を建築することができた。柏学園に通う子どもたちが変容したことは，少しずつ社会に知られるようになり，新聞や雑誌で取り上げられた。有栖川宮妃殿下や高松宮同妃両殿下から柏学園へ寄せていただいたご厚意も東京府等の寄附や助成なども田代の働きかけによるものであった（杉浦）。

　大正11（1922）年，田代は母校山辺小学校の新校舎記念式典に招かれた。「どのようなお話が聞けるかと楽しみにしていた子どもたちに，先生は，ヨーロッパのお話をしてくださいました。むこうの服装のこと，乗物のこと，建物のこと，遊びのことなどです。山辺小学校の子どもたちは，みたことのない，遠いヨーロッパの様子を想像しながら，目をひからせ，先生のお話に聞き入ったのでした。」（田部井，p.26）と同校百

年誌に記録されている。また，大正13（1924）年12月，創立50周年記念講演でも人々に感銘を与えた（田部井）。

　大正12（1923）年9月1日に起きた未曽有の関東大震災により，東京の約半分が焼失，都市機能は完全に停止した。諸外国の支援もあったが復興局による復興事業は6年を要した。大正13（1924）年に定年退官した田代は，翌年，東京市議会議員になり，医療問題に取り組むとともに，肢体不自由児の救済を社会事業として実現するため活動した。特に昭和4（1929）年3月に再選されてから，同じ議員であった岸辺福男と肢体不自由児の市立学校設置運動を猛然と展開した。岸辺は，このために欧米のクリュッペルスクールを視察している。また，東京市教育長であった藤井利譽もアメリカのクリュッペルスクールを視察した経験があり，その必要性を痛感していた。財政的には，非常に厳しい状況であったが，田代は，重鎮として医療体制の構築等を進め，学校設立にも動いた。

　田代は，教育局に体操免除児童の実態調査を提案し，社会局，福祉局の理解も求めた（杉浦）。昭和5（1930）年10月には，東京市議会でも学校設置の提案を行い，また，「手足不自由なる児童の保護施設につきて－教育局，社会局及保健局長に望む－」と題する長文を『市政』に掲載している。岸辺は後年，東京市の助役に対する田代の働きかけについて以下のように記している。

　　　当時東京市の菊池助役－この方は非常な人格者で頭の良い方ではありましたが，この方が新しい仕事と云いますと，これもいかん，あれもいかんで，皆抹消してしまう。この光明学校という不具の子供の学校も正に捨てられようとしました時に，田代先生が必死に働かれたのであります。「これは捨ててはいかん。東京に一つ拵えて置いたならば，これが種になって大阪に出来，神戸に出来というように段々増えて行くから，これを作るということを消してはいかん」と，その時は実に凄い勢で菊池助役に食ってかかられたのでありました。その先生の熱，先生の意気，先生の人格に菊池助役も「それではこれは残します」といって出来ましたのがこれです。（岸辺福男，1963，pp.258-259；杉浦，p.267）

こうして肢体不自由児のための初めての公立学校となる光明学校の計画が，東京市の計画に残った。昭和6（1931）年5月に東京市教育局は，「骨，関節並に筋肉の疾患異常による体操免除児童」を調査し，前年と同じ700名余の児童がいることを確認して学校設立を決定した。開校準備は，東京市教育局長から直接，教育局兼務の辞令を交付された東京市衛生試験所長の福島正が担った。

　田代は，「医療行為は病院か医院以外にて施す可きでない」（日本肢体不自由児協会編，1967，p.97）と考えていた。福島には，「日本で初めてやるのであるから，いわば『サンプル』であり，失敗したら取り返しがつかない。高木教授のいわれる医療を主とし，教育を従として行うより，てっとり早く養護学校をまずやった方がよい（略）特に医療方面は指導・訓練が主で，マッサージ等理療程度でやめた方がよい。（略）緒につこうとするこの仕事の前途を誤る恐れがある。」と伝え，手術等を実施することがないようにいましめている（福島正，1969，p.650）。

　田代は，権威ある帝国大学教授の地位にあっても，肢体不自由児に対する理解を社会から得ることは難しかった。また，行政の役割分担を熟知しており，整形外科治療は長期になることから，医療と連携が可能な教育を主とした養護学校を優先させたのではないかと考えられる。養護学校では，教育を中断することなく，友だちと一緒に機能回復を図ることができる。手術後に必要な訓練は，子どもたちの動機づけが大切であり，これは，柏倉が実践したように学校の教師が得意である。柏学園開設のきっかけも集団訓練の必要性に気づいたからであった。田代は，クリュッペルハイムに拘らなかったことで，柏学園と光明学校という二つの教育の場を子どもに与えたのである。

　整形外科医堤直温（1969）は，「田代先生と高木先生とは全く同じご意見であった。」（p.656）と記していることから，欧米をモデルとしたクリュッペルハイム構想は，高木に任せていたと考えられる。

　田代は，昭和11（1936）年に脳溢血により入院。その後，療養していたが，堤を週に一度は病床へ呼び，高木の宿願である整肢療護園建設の寄付金集めを指南していた。そして，昭和13（1938）年，整肢療護園の建設に着手した報告を聞き，堤の手を固く握りしめ涙を流し「よかった，よかった」と非常に喜んだ数時間後，74歳で永眠した。

高木（1963）は，田代を偲び「先生は，滅多に，人を叱りませんでした。叱られた人は稀だったと思う。しかし，学術的なご指導以外にも，訓示ではなく，述懐的にお話になっていたので，後で，思いあたることが多かったことを覚えています。そして，先生は，小さいことにこだわらず，来るがままに受け入れる度量の大きい人柄でした。」（p.149）と記している。また，金子魁一（1963）は，田代が以前，この世には「精神と仕事を残すべきである。君らはそうは思わないか。」と言っていたことを振り返り，「形より心を大切にされた先生であった」（p.156）と記している。

　家族の追悼文には，「自分は，百姓の出だから，一生働くために生まれてきたものだ。」というのが田代の口癖で，よく続くものだと思うぐらいよく働いたこと。欧州の文化生活にとても興味を持っていて，外国の劇団や音楽家の演奏会があれば家族を伴って出かけたこと。70歳になっても若い後輩に慕われる，常に青春時代の意気と積極性，情熱と溌溂さを失っておらず青年の心情とよく共鳴していたこと。我が子にも真の愛と，偏見にとらわれない判断力をもって接してくれたことが記され，感嘆と感謝の気持ちが遺されている（田代重徳・山本米子・田代秀徳・今村百合子・田代萱子，1963，pp.415-468：田部井，2014，p.42-46）。

　近代整形外科の史実に詳しい蒲原（2006）は，田代を包容力のある我が国近代整形外科の母であり父であり「師の上に立つ師」として，次のように四つの業績をあげている。①「整形外科」という科名の決定②大正15（1926）年の世界9番目の日本整形外科学会の創立③日本近代整形外科の黎明期を担う人材を次々と育て教育と研究，実務に所を得さしめたこと④医療の社会化への数々の実践。また，日本外科学会から日本整形外科学会が独立した経緯については，以下のように述べている（蒲原，1987）。

　　紛争もなくそのあたたかい被護のもとで着実な独立を獲得することができた。これは，田代義徳という陽明学的教養に培われた類まれな明治型の国際感覚とバランス感覚を兼ねそなえもち，自由主義・民主主義を愛した進歩主義者であった一人物のひととなりに負うところがきわめて多かったと言うことができよう。（p.9）

郷里の人々は，田代66歳の昭和5（1930）年に銅像を建立している。除幕式での田代の答辞では，感謝の言葉のほか，上京するまでの幼少期のことが詳しく語られ，自らも教育者であることに触れ，帰郷して渡良瀬川に遊ぶ子どもたちを見ると，できるだけの教育を授けたい，子どもの将来と深くかかわる教育の有難みを痛切に感じると語られている。

　そして，平成22（2010）年，田代の偉業と人となりを多くの人に広めようと，故郷，足利市田中町に田代義徳博士顕彰会が発足した。この会の広報活動では，田代の史料を作成し，田代の揮毫による座右の銘，魏徴の「述懐」のくだり「人生感意気　功名誰復論」も紹介している。また，地元の小中学校で，田代の生涯について子どもたちが学ぶ機会を提供している（田部井）。子どもたちは，この学びを通して，人にはそれぞれに役割があり，自分の役割を正しく果たすことが愉快に生きることになり，人とつながることは，共生社会を形成することになることを知ることができるだろう。

　田代は，医療だけでなく，教育，福祉とも関わり，肢体不自由児の救済を社会へ働きかけた。これが，人々の認識を改め，差別や偏見を捨て，支援すべき子どもであることに気づくきっかけになった。

　「我が国整形外科学の開祖」であり，肢体不自由教育の道を開いた田代の対象観は，「手足不自由であっても，整形外科的治療と教育，職業教育等を施すことにより，その機能回復と国家有用な人間に成長する可能性がある社会によって育むべき子ども」であるといえる。

２．柏倉松蔵と「柏学園」

　柏倉は，明治15（1882）年4月9日山形県の南村山郡西郷村細谷に父後藤藤吉，母らくの次男として生まれた。「虚弱体質でありながら知的好奇心は旺盛」（岩井哲，2018）で，準訓導として，小学校の代用教師となったが，専門分野をもちたいと考えた。「体操を専門にすれば自分の身体も強健になるだろう。これに限る」（柏倉，p.4）と本格的な体操教師を養成していた日本体育会体操学校を受験する。新設の高等本科に合格したが，両親には事後報告となり，しぶしぶ承諾させ，明治34（1901）年10月に上京した（杉浦）。

　柏倉が学んだ「体操」は，スペンサーの教育論（智育論・徳育論・体

育論）に影響を受けていた近代教育制度の主要教科であった。

　日本体育会体操学校では，坪井玄道が継承発展させた普通体操を教えていた。これは，ドイツのヤーンが考案したものを弟子のシュピースが解剖や生理に基づいて学校体操として再編成したものが原型となっている。柏倉は，教師高島平三郎に師事し，長く，柏学園開設後も指導を受けることになる。明治36（1903）年，中等学校体操科教員免許状を取得し，東京や神奈川の小・中学校で体操の教師として数年間勤め，明治39（1906）年8月27日には，柏倉家の養子となった。

　明治41（1908）年，岡山県師範学校の職が決まると，4月に帰郷して，3歳下で小学校の訓導をしていた羽島とくと結婚。5月には，単身で岡山へ赴任した。妻とくは，9月，岡山県の小学校本科正教師の職を得て移った。柏倉は，明治43（1910）年に舎監も命じられ，校長から信頼されていたことが窺える（杉浦）。

　明治44（1911）年，柏倉は，文部省主催の体操講習会を受講し，欧米の体育事情やリングの考案したスウェーデン体操を学ぶ。指導者の永井道明から受講者に，従来の体操の改良と体操科の将来構想を持つように説かれたが，柏倉は，次のように内省している（杉浦）。

　　さて，私は，自分も体操教師になってからもう十年になる。しかし，
　　自分が教えてきた体操が果たしてどれだけの効果をおさめたか，と
　　いう反省と疑問が起こってきました。（略）何の工夫もなくやって
　　きただけです。これではいけないと考えました。（柏倉, pp.7-8）

　杉浦守邦（1986）は，柏倉について「他の教師と際立って違ったことは，この体操への反省が，手足不自由児との関連において最も深刻であったということである」（p.26）と述べ，「障害児の体育について考える最初の体育専門家であった」（p.26）と指摘している。柏倉は，昭和31（1956）年の著書で，それまでどの学校でも見かけた，体操の時間になると運動場の隅にしょんぼりとしている手足の不自由な子どもの「淋しい姿が，元気に体操する子供たちと対照してあまりにも傷々しく胸に刻みつけられて忘れられなかったのです。あの身体の不自由な子供たちは，どんなふうに生成して社会に出ていくのだろう，そんなことを考えると，

私は，あの不幸な子供たちをあのまま放ってはおいてはいけない，何とかしてやらなければ，ということが常に胸の中にあったのでした。」（pp.8-9）と記している。また，体操の目的は，身体を活性化させ，身体各部の均等な発育にあるが，漫然と指導していたのではないか。自分の教えた通りにできた生徒に，いい点数を与えただけではなかったかと述べる（柏倉，pp.8-9）。

　柏倉は，主要教科である体操の教師が，手足の不自由な子どもに無関心であったことを恥じ入り，体操教師が，スウェーデン体操にある医療体操を指導できるようになる必要があると考えた。当時，医療体操についての情報は，各方面に問い合わせても得られなかった。思案した柏倉は「おぼろげに想像されたことは，学校体操のように，生徒と教師が遠く離れてやるものではなく，教師が直接生徒の身体に手を触れてする体操」（柏倉，p.8）だろうと考えた。そして，「自分が分からぬままでいては駄目だ。何をさて置いても，自分自らが研究せねばならぬ」（柏倉，p.253）と，按摩やマッサージが医療体操に近いのではないかと思いつき，大正3（1914）年，私立岡山盲唖学校に出向き，指導を願い出た。按摩やマッサージは盲人の仕事と考えられていたので対応した教頭役の葛山覃は驚き尻込みしたが，柏倉から懇願され承諾した。指導は，特別に柏倉の自宅で行われ，晴眼者の按摩術甲種試験受験資格に必要な4年の修業をめざした。しかし，やはり医療体操を学びたいと考えていた柏倉は，岡山市内の医師から田代の情報を得て，大正7（1918）年7月，文部省の研修で上京した際に田代を訪問する。医療体操を研究したいと願い出て，田代から整形外科教室に研究生として入る許可を得た。同年11月に按摩術甲種試験に合格した柏倉は，12月には休職し上京した。この時は，教師に復職するつもりであった（柏倉；杉浦）。

　柏倉は，上京して初めて見た医療体操について，「一目見て，自分が長年独りで考えていたことと全く一致しているのに安心した思いでした。」（柏倉，p.46）と記している。

　大正8（1919）年7月，柏倉は，医学部雇いとなり附属病院勤務を命じられた。午前中はマッサージなどの業務を行い，午後は研究ができた。月給は15円支給され，1年半後には33円になった。

　柏倉は，整形外科教室の田代の指導の下で「不良姿勢に対する矯正体操

の考案」と「肢体不自由児の実態調査（扁平足, 脊柱側弯の実態調査）」に関わった。考案した体操では, 集団指導でその効果を検証している。また, マッサージは, 医療体操の補助として有効であることを確信する。しかし, 文部省の講習会で, 田代の講義の後, 実際の指導について担当することもあったが, 学校関係者に関心を持たれることはなかった（杉浦）。

　一方, 整形外科外来には, 上肢や下肢, 体幹の機能回復を願って患者が訪れる。柏倉は, よい結果が出るように知恵を絞り工夫したが, 特に子どもへの対応は大変であった。母親がなだめて, ベッドに寝かせても, マッサージを始めると泣き出す。母親は, おろおろして途中で連れて帰ってしまうということを多く経験した。

　田代の下で肢体不自由児について研鑽した柏倉は, 機能回復のためには, 段階的に, 一定時間確保して, 継続して, 長期に取り組まないと効果が見込めないことをよく理解していた。そこで「子供たちを一ケ所に集めて医療体操をさせたらどうだろう。それも病院風にではなく学校風に（略）。子供たちも楽しいふんいきの中で体操もするようになるのではなかろうか。」（柏倉, pp.53-54）と, 体操教師に復職することを断念し, 肢体不自由児のための柏学園を開設することを考えた。当時は, 第一次世界大戦後の恐慌にあり, 上京して僅か二年での決心であった。

　柏倉は,「学校風に」治療や教育を行う考えを田代に相談した。田代は, それは, 既に欧米で実践され, 我が国にも必要だと考えてきた救済事業であると柏倉を激励し, 支援を約束した。

　田代は, 欧米のクリュッペルハイムやクリュッペルスクールの中でも, フィラデルフィアのワイデネル教育所が, 肢体不自由児のみのクラスを設け, 車で自宅からの送迎も行っていることに感心していた。田代は, 欧米のように寄宿舎を持ち, 治療と教育, 職業教育を施すことを構想しており, この田代の考えは, 柏学園の根本理念にもなった。妻とくは, 柏倉の心情を理解し, 学園開設に躊躇なく賛成している（柏倉：杉浦）。

　大正10（1921）年1月には, 体操の先輩である可児徳の借家（小石川区大塚仲町）を学園にすることを決め「柏学園事務所」と表札をかけた。同年5月1日に開園の目途がたち, 3月から「柏学園創立趣意書」を配布した。これには, 子どもの人権を尊重し, 障害があろうが, 適切な支援のもとで等しく生きる権利があることが述べられ, そのための学園で

あることが記されていた。趣意書は、「愛と科学との恩典に、愛し児の運命の開拓をお図り下さい。」と、結ばれている。そのほか、新聞数紙にも豆広告を掲載した。4月の引っ越しには、東京在住の岡山の教え子達も駆け付けたが、柏倉の決心には驚いたようであった（竹本吾市；杉村）。

柏学園の1階は、土間、台所と板間、2畳、6畳、3畳、4畳半、の座敷と廊下があり、風呂場が仮設された。6畳間と3畳間の間の襖を外し教室とし、夜は、園児の寝室にした。2階には縁側もあり、床の間付の8畳間は、応接室兼治療室とした。6坪程の空き地が運動場で、地面には、大きな戸板を敷き子どもが活動しやすいようにした。屋内運動場はとれないため、転んでも安全な角のない高めの丸テーブルを作らせ、歩行訓練では周囲を歩くように考えた。教室の椅子は、軽くて成型しやすい籐を材料に選び、子どもの身体に合わせて特注し、机も折りたたんで片づけられるように特注した。職人の協力もあり、柏倉は知恵を絞って最善の準備を進めた。

柏学園の「目的及規則」には、「当学園は、身体の不自由なる児童に、小学校の課程に準ずる教育を施し、適当なる場合には専門医師に謀りて整形外科的治療を加へ、幾分なりとも其不便を除き、進んで職業教育を授け、将来独立して生業に従事せしむるを以て目的とす。」と示された。この目的では、「身体の不自由なる児童」と表現し、教育、医療との連携、職業教育を明示している。規則をみると、定員10名、対象年齢原則3〜16歳、身体検査終了の上で入園を許し、通園制であるが、都合により寄宿も可として、月謝は20円。学用品、寄宿費用は自己負担、医療との連携では、田代の指導の下で、父兄の承認を得てから着手する（但、マッサージ体操以外の治療費は自己負担）となっている。課業の5時間は8時限で組まれ、表3に示したように個々の実態に対応できるよう三つの時間割が用意された。

表3　柏学園「目的及規則」における時間割

	1	2	3	4	5	6	7	8
第一表	学科	学科	学科	学科	学科	学科	手工	手工
第二表	学科	学科	学科	学科	学科	学科	手工	体マ
第三表	手工	手工	手工	手工	手工	手工	体マ	体マ

（体マ：体操マッサージ）

学科は，小学校の内容に準じており，手工は，治療的手工，職業的手工（のちに技能的と変更），図画習字の三つとし，体操は，治療体操と保健体操であった。マッサージには（治病）と示されている。

　柏倉は，大正15（1926）年4月7日まで病院勤務を続けたので，体操とマッサージは，第7・8時限になっている。妻とくは，学科教師の傍ら留守を任される責任も担っていた。

　また，市町村の就学事務に準じた学籍簿も用意し，可能な限り教育機関としての役割を果たそうとした。

　大正10（1921）年5月1日，日本のクリュッペルスクールを標榜し，開園式は盛大に行われた。園児は田代の紹介による2名のうち，1名だけであった。この後，2名とも欠席が続くこともあり，順調に運営できたわけではない。柏学園で学んだ子どもたちは，リットル氏病やその他の脳疾患が多く，下肢の不自由な子どもの通学は容易ではなかった。親の都合で休むことも，子どもの我儘で休むこともあった。寄宿生も可能な限り受け入れたが，保母2名と柏倉夫妻だけでは対応に限界もあり，断ることもあった。多くの子どもは，家庭で甘やかされ，躾や基本的生活習慣の獲得が未熟であり，指導はそこから出発した。最低限，食事と排泄ができることを目標とした。日中の世話は，保母が行ったが，夜間の対応は，柏倉夫妻が引き受けており，発作の対応や排泄の始末には苦労も多かった。

　このようにしばらくは，経営も厳しく無理も重なる状況にあった。顧問兼監督である田代の支援と，柏倉の信念，妻とくの協力があってかろうじて維持しているような状況であった。開設翌年4月，醤油醸造業で資産家の浅田政吉から5000円の寄附の申し出があり，「柏学発展」名の通帳を作成し基金として管理，利子を学園経費に充てることにした。大正12（1923）年9月の関東大震災で，田代病院は全焼し，柏学園も被害を受けた。この時も浅田は，柏倉に高円寺の浅田家別荘の使用を提案した。柏倉は，迷惑をかけると固辞したが，浅田の理解に励まされ移転した。

　その後，大正14（1925）年4月に恩賜財団慶福会より5000円の助成金が交付されることが分かり，新校舎の建築を決意し，病院勤務を辞した。11月にようやく畑地（487坪）を購入，昭和2（1927）年4月新校舎に移った。

柏倉が設計した新校舎は教室と居室が分けられ，室内運動場代わりに廊下が長く広く，壁面には訓練器具や肋木がいつでも使えるように設置された。立てなくても使用できる高さの洗面や，手すり，床の穴を工夫したトイレも用意された。庭で歩行訓練を行うことを重視していたので，昭和5（1930）年には，歩いた距離が分かるように，大きさの異なる島のような芝地をいくつか造園した。

　午前中は，学科の時間で，複式授業は，妻とくが担当した。人数が増えて訓導をひとり採用し，2クラスで学ばせた。時には柏倉も学科を教えた。午後は，マッサージや歩行訓練にあてられた。

表4　柏学園における学科と手工，体操などの指導内容

学　　　　　科	手工：図画習字・治療的手工・職業的／技能的手工	体操：治療体操・保健体操（医療体操・練習治療法）・マッサージ（治病）
修　　　　　身 国　　　　　語 算　　　　　術 地 理 歴 史 理　　　　　科 唱　　　　　歌	図画・習字・腕輪・粘土・太鼓・木琴・ワンズ・球玉・積木・環とうし・うちわ太鼓・木地鉄砲・柏倉考案指練習器など	肋木・歩行器・足踏機・四輪車・三輪車・手押一輪車・ハンドル自転車・米国製安楽三輪車・渡棒・松葉杖歩行・徒手による歩行・シーソー・ブランコ・エキセルサイザーなど

　昭和8（1933）年3月には，第一回卒業式が行われ四名の卒業生を送り出した。開設から13年目のこの年に第一回卒業式が行われたのは，柏学園で6年の課程を終えた子どもがこの時期に卒業を迎えたからである。これまでは，歩行可能となって地元の学校へ転校したり，家庭の事情による退園となったり，亡くなった子どももいた。また，柏学園を卒業しても小学校卒業と認められないことから，直前に近隣の小学校へ転校したり，卒業資格を得られるように対応されることが多かった。これらの交渉に柏倉が奔走することもあった。

　昭和10（1935）年度には高等科職業教育，園芸を開始している。

　寄宿生には，東北や台湾からの入園生もいた。子どもの通学のために近くに家を建てて引っ越してくる家庭や，家を借りて，祖母と子どもを住まわせる家庭もあった。月謝は開園時，20円であったが，翌年，浅田

の支援によって10円に値下げした。柏倉は，貧困家庭の月謝を免除し，柏学園の主たる対象疾患でない言語障害のみの子どもには半額免除をするなど，良心的な対応をしている。柏倉夫妻は倹しく生活しながら，できる限り配慮し，入園の機会を提供した。

　また，これまで家から出ることがなかった子どもたちに，できなかった体験をさせようと，遠足など学校と同じような行事を計画し，子どもたちを外へ連れだしている。大正13（1924）年には，自動車の払い下げがあることを知り，フォードT型車を購入。遠足や校外学習に活用した。スクールバスとしての利用は経済的に難しく断念している。

　子どもの実態把握では，学力，作業能力，知能のテストを随時実施し，編入時にも試験を行い，教科学習の程度を見極めて指導した。

　医療との連携では，手術後の子どもを寄宿に受け入れたこともあった。術後，下肢はギブス固定で動けないが，他に制限はないので姿勢などを工夫すれば学習ができる。医療のために学習に空白期間を作らないことは，心理的ケアにもなるとの考えからだった。

　また，ギブス除去後のリハビリは，手術の効果を決定するといっても過言ではない。柏倉は，午後に2時間，マッサージ法，医療体操，練習治療法を行った。身体の軟部組織をほぐし，全身を活性化させ，関節や骨・筋肉を体操で動かし，段階的な自主訓練を適切に繰り返し行わせることを目的としていた。柏学園の写真では，庭で個々の課題に応じた器具（四輪車，三輪車，歩行器，渡棒＝平行棒，足踏み機，手押し車等）で子どもたちが活き活きと自主訓練を行っている。柏倉が，病院の外来で気づいた「学校風に」というスタイルを実現したことによって多くの子どもたちが成長する機会を得た。

　柏倉は，手工においても両手を使う，手指を柔らかに使う等を考え，そのための題材や玩具の製作を多く行っている。さらに言語訓練や，寄宿生の生活基礎動作の獲得等，有機的な指導を行っている。

　柏倉は，独自の工夫で設計図をひくことができ，東京帝国大学医学部整形外科教室で使用されている器具や，欧米の整形外科書の図からアイディアを得て，寄附や助成があると，小石川の医療器具店小林商店に注文して専門業者に作らせていた。現在，山形県立博物館には，柏倉が作製した膝の屈伸運動のための足踏機が保存されている（岩井）。

柏倉は，子どもの実態から出発し，個別の課題に応じて，生活指導や学科指導，機能回復においては，独自のプログラムを考え，理学療法，作業療法，言語療法の視点で指導を行っている。未開拓なこの分野の先駆者として，熱心に研究し最善を尽くしていることからも，一体操教師ではなく，肢体不自由教育のスペシャリストであるといえよう。昭和7（1932）年に開校した光明学校の開校準備で，柏倉を校長にという意見もあったとされるが，定かではない（杉浦）。柏学園は，光明学校の参考にはされたが，東京市に移管されることなく柏倉の孤軍奮闘は続いた。学制百年史には「いわゆる療護施設として最初のもの」（文部省，1972, p.523）と示され，光明学校開校へ影響を与えたとされているが，極めて教育的であった実践には触れられておらず，詳しい記述はない。

　昭和13（1938）年12月1日，田代が逝去した。柏倉は，田代への想いが深く，後任を決めかねていたようである。顧問兼監督は不在のままであった。昭和15（1940）年4月，ようやく，整形外科医でもある田代の長男信徳の好意もあり，相談役に就いてもらった。

　昭和16（1941）年5月には，早くから必要性を感じていた防空壕の工事を始めた。全員が入って数日間暮らせることを想定したもので，経費は446円かかった。完成後は，避難訓練も実施し，戦時下には，大変役に立っている。昭和19（1944）年には食糧不足が深刻になり，空襲も激しく，学習はできないため野菜栽培に力を入れた。しかし，折角作った野菜が盗まれたり，食料になるものは何でも盗まれることが多かった。その中でも，妻とくの還暦祝いに「学園小母還暦自作野菜満腹食会」を催し，子どもたちと父母を喜ばせ，励ましている。昭和20（1945）年，ついに園児は2名となり，戦争末期には，学園としての機能を失った。戦後，社会の仕組みが新しくなり，昭和21（1946）年は，方針が定まらず旧社会事業法による事業を継続した。

　東京大学整形外科外来で脳性麻痺診療をしていた五味重治は，昭和24（1949）年5月に柏学園を訪れたことを以下のように記している（五味重治，1985）。

　　杉並区にある柏学園を訪れ，柏倉松蔵夫妻にお会いし，御夫妻の脳性麻痺児に対する療育の実践を拝見して驚嘆の眼をみはっ

た。その治療法は，他動運動，介助自動運動，自動運動という
手順であり，独自に開発試作された種々の器械を利用し，運動
機能の改善に努力しておられた。また，とく夫人は，個別的に
教育指導をされていた。（略）関東大震災（大正12年），第二次
世界大戦を経て，苦難の途の連続であり，著者がお手伝いした
頃は，老夫妻という感が深かったが，こと脳性麻痺の話ともな
れば，眼光爛々としておられたのは，今なお印象深く残ってい
る。肢体不自由児のための学校施設としての基準に合わず，閉
鎖の止むなきに至ったが，先覚的療育事業として，後世にその
存在を伝えたい。（p.237）

　五味は，療育事業と記しているが，実質的な教育的側面を評価してい
る。機能回復の指導は，教育的機能訓練と捉えることもでき，先駆的肢
体不自由学校として評価されるべきであろう。しかし，公的な助成や寄
附の面では，社会事業と捉えられ，学校としての基準も満たさなかった
ことから，柏学園は，学制百年史の記述のように療育施設とされている。
　昭和27（1952）年には，養子となった柏倉利喜弥が医師として柏学園
診療所を開設し，柏倉も診療を手伝っていたが，昭和34（1959）年に学
園の閉鎖を決めた。
　医師である高取（2012）は，肢体不自由児の療育運動の萌芽期につい
て論じているが，柏学園で学んだ童話作家永井明（1969）の『終りのな
い道』を紹介し，以下のように述べている。

　　柏学園の記録をみると，生徒には脳性麻痺・小脳性運動失調・脳
　　炎後遺症などの患児が多かった。これらの疾患の予後を考えると，
　　柏倉がいかに頑張っても，自活の道を与えることは無理であった
　　と思われる。柏倉が力尽きた時から50年以上が過ぎた現在，医
　　学はどこまで進歩したのだろうか。（p.72）

　『終りのない道』は，児童文学作家となった永井明が，柏学園で学ん
だ体験をもとに晩年に書き上げた作品である。
　同じく柏学園で学んだ岩間吾郎は，令和元（2019）年，『いびつ伝－日

本最初の養護学校をつくった柏倉松蔵の物語』を91歳で出版した。柏倉の献身的な実践を，教育とリハビリテーションの二つの視点から正しく再評価するよう示唆している。

　柏学園に入園した子どもたちは，まず，同じ障害をもつ友だちと出会ったことで安心し，勇気を持つ。そして，互いの不自由さや家庭の事情を理解し，思いやりながら生きる。教科学習や機能訓練を通して，人として成長する。しかし，それぞれの境遇で課題を抱えている。また，社会に出ると厳しい。家族でも助けられない，自らが引き受けるしかない現実がある。そうであったとしても，柏学園という田代と柏倉夫妻の働きによって，子どもたちや家族が救われる場所があったこと，そこで過ごす中で愛と勇気を知り，生きる力を育んだことは事実であろう。

　平成30（2018）年には，岩井哲によって，地元，山形新聞の「やまがた再発見」に柏倉が取り上げられ連載された。岩井（2018）は，柏倉を「肢体不自由児教育の父」と紹介し，生い立ちや柏倉の精神，偉業を記事にしている。これにより，多くの人が，あらためて柏倉を知る機会を得た。

　柏倉は，学園設立趣意書で職業的自立を目的にもしていたが，柏学園の入園児は，学齢児が多かったため，職業的自立をめざした者は，僅かであった。むしろ，子どもたちの実態に臨機応変に対応し，指導を深めていったといえる。このことをふまえた柏倉の対象観は，「学校のような環境で，医療と連携した指導と教育を授けることで，自立した生活や，その子どもなりの不自由さを改善できる可能性がある子ども」である。

3．高木憲次と「療育」

　高木憲次は，明治22（1889）年2月9日，東京市本郷の繁盛する開業医の次男として生まれた。父の佐金吾は，母，てふの婿養子で，父方の石川家は，天皇の侍医を務めた家柄である。高木は，色白で虚弱な子どもであったが，祖父や父が人々の面倒をよくみて慕われ，貧しい人へ施す姿を見ながら，恵まれた環境で育った。幼少期に祖父から四書五経の素読を教わるほど利口で，尋常高等小学校は，飛び級し，3年で修了している。（のちに，生年を明治21：1888年に修正している。）10歳で習った英語でも1年間で中学校教科書5巻を終えた。医者を志したのは，父の強い希望で，そのため独協中学校へ進学する。第一高等学校の入学

祝いにと，父親は写真屋が使う大型カメラを贈った。高木は，とても嬉しく，写真機を担いで，時々大好きな富士を映して歩いた。撮影に出かけると，よく体の不自由な子どもたちに出会うようになり，「あなたは度々ここへこの気の毒な子供を写しに来られる様だが……」（P.16）と詰問を受けたことから，富士育児院の存在を知る。富士育児院は，明治36（1903）年に渡辺代吉が孤児を収容し育てる施設として開いたものであったが，他で収容を拒否された肢体不自由児や知的障害児も収容していた。高木は，小学校の遠足でも肢体不自由児を見かけており，「乞食にでもなるよりほかないのに，ここでは世話をしてあげている。」（p.13）といった教師の言葉を聞き「『乞食になるよりほかない』という言葉が幼い私の心に住み着いてしまった」（p.13）と回想している。整形外科医になってからは，富士育児院を訪れ診療などをしている。

明治41（1908）年，東京帝国大学医科大学に入学するが，勉学に励み過ぎ，体調を崩し3年休学する。この間，写真に一層詳しくなり，のちに，レントゲン学の第一人者になった。

大正5（1916）年1月，高木は，田代の整形外科教室に入局するが，7月にようやく副手となり，間もなく助手の辞令がでた。高木は虚弱で体も大きくなかったため，力を必要とされる整形外科では，不安視された面があったようである。高木は，8月に肢体不自由児の実態調査の協力を東京市に要請するが，担当者は関心を示さず叶わなかった。同年12月には独自に，東京の有名なスラム街であった下谷区万年町を訪問するが警戒され，拒絶される。あきらめず，五日間通うが，実りなく，計画を練り直す。翌，大正6（1917）年3月には，尋常小学校の同級生である弁護士を伴い，相談や治療のための訪問であることを訴え，どうにか受け入れられた。高木は，この調査で，多数の肢体不自由者がいることを把握し，その街の予想以上の窮状に驚く。この後も，本所や深川のスラム街の調査や，カリエスの機序に関心をもって，母校本郷小学校でも整形外科的疾患の調査を行う。しかし，全体の実態把握には，未就学・不通学児も含めた調査が必要だと痛感する。

大正7（1918）年11月の本郷小学校の同窓会で，学校教育を受けようとすれば治療の機を逸し，治療に専念すれば教育の機会を失う肢体不自由児のために，治療を受けながら教育を受けることができる「教療所」

が是非ほしいと語っている。

　高木は，文部省へ陳情にいくが，若くて，助手の肩書ではらちがあかない。大正10（1921）年３月，入沢達吉医学部長に同道し内務省に陳情すると，「それは必要だ」といってもらえた。この内務省の回答を文部省にも伝えると，今度は，内務省と話し合ってみようと回答された。

　入沢は，高木の文部省への陳情を知り，好意から，教育以外のことは内務省へ行く必要があると助言し，出向いたのであった。

　高木は，大正11（1922）年５月〜翌年12月まで，ドイツへ留学する。レントゲン学習得という名目はあったが，入沢から「好きなことを勉強してきたらよろしい」といわれ望外のことに感謝している。

　ミュンヘンでは，ランゲ教授から，手術後の後療法による手術野の「地ならし」が肝要で，軟部組織の順応性の獲得には，術後のリハビリの所要回数を確保する必要性等をきく。フランクフルトのルドロフ教授からは，母親の監視下に，職員の指導で行う共同訓練が最効果ありときく。

　高木は，既に外国の文献を鵜呑みにすることはよくないと考えていたので，このように留学先で直接指導を受けることは，その後の研究につながる貴重な機会となった。

　ドイツでは大正９（1920）年に世界初となる肢体不自由者救護の法律が北部のプロシアで公布され，４年後には全州で施行された。そこで，高木は，留学中に肢体不自由児に関する法律も研究した。

　高木は，見聞したクリュッペルハイムについて，当時の考えを戦後，以下のように回想している（高木，1948）。

　　第一次欧州大戦後の乏しき資材をいろいろと工夫して，肢体不自由児の療育に勧しめる戦敗国ドイツに於けるクリュッペルハイムを参観し，啓発されるところ多大であった。殊に当時約百に垂んとする施設が全国に布置されていることと，就中，ベルリンのダーレム，ミュンヘンの郊外ハルラヒングのイサール渓やハイデルベルヒのネッカア河畔に聳ゆる壮大な施設と完備せる設備には驚異の目を瞠った。唯肢体不自由児に対する精神的擁護のあり方に就いては，多大の疑を抱かざるを得なかった。（略）何れも，患児を精神的に歪める者と決めてかゝって，これが矯正と処理に

或は特殊教育に余りにも拘泥しすぎている点が腑に落ちなかった。イサールの崖に立ち，当時戦勝国と誇りながら，唯一のハイムさえ持たざる我国肢体不自由児の上を偲び，暗澹たる心の裡にかたく誓ったことは「帰朝後(1)先づ肢体不自由児の精神的擁護策を考えよう。(2)手術者たるものは，手術後，罹患肢体の恢復によって患児が生産能力を獲得したことを見とどけるべきである。それには，療育施設が不可欠であるから，その設立に専念努力しよう」という二つの念願であった。(p.40-41)

　高木は，のちに教授となった時，クリュッペルハイムを大学に附属させることなど七項目を決意している。しかし，佐藤三吉からは，「才に走るな。当分整形外科の教授だけで，先ず落ち着いてから，手があまってから始めても遅くあるまい。」(pp.46-47) と親身な忠告を受け，田代からも同様な忠告であったと述べている (p.47)。

　高木は，大正13 (1924) 年の国家医学雑誌に「クリュッペルハイムに就て」の論文を発表している。ここでは，柏学園が我が国初のクリュッペルスクールであるが，クリュッペルハイムは未だ実現していないと述べ，整形外科治療，特種の教育，手工業及工芸的練習，職業相談所の四つの機能が肢体不自由児の救済に必要であることを主張した。その後も繰り返し，この構想を関係機関へ働きかけるが，肢体不自由児の処遇の時代背景がある中，そのような肢体不自由児に力を注ぐ高木の考えは，社会主義思想ではないかと誤解されることもあり，公的な事業として動くことはなかった。高木のクリュッペルハイム構想は，昭和17 (1942) 年5月に開園した整肢療護園で実現する。高木は54歳になっており，ドイツ留学から20年を要した。この間，「肢体不自由」と呼称することを提唱し，次のように定義した。

　「四肢及ビ軀幹ノ主トシテ運動機構ニ著シキ持續的障碍アルノミニシテ，其智能ハ健全ナルモノ」デアル。從ッテ，「整形外科的治療ヲ充分施シ，且ツ之ヲ適當ニ教導スル時ハ，生産的ニ國家社會ニ盡スコトノ出來ルモノ」

　　　　　　(高木，1934：日本肢体不自由児協会，1975，p.277)

47

田代は,「Krüppel」を「手足不自由」と訳し,のちに「身体不自由」という呼称も用いている。杉浦 (1986) は,歴史的に「肢体不自由」が高木の創案とされていることは,後世の者の誤認だと指摘している。しかし,高木は,大正14 (1925) 年頃,「Krüppel」を「肢節不完児」と訳し肢節不完福利会を設立している。このことから,田代の「手足不自由」「身体不自由」に倣わず高木が考案したともいえる。整形外科では,機能回復を目的とするため「不自由」という表現は自ずと生じる。高木は,解剖学的,学術的に正しい表現をすることを考えたと記している (p.54)ことから,「肢体」と表現したことも理解できる。しかし,決定的に違うのは,高木が定義で示した「其智能ハ健全ナルモノ」という点である。柏学園では,知能の程度に関わらず,子どもを受け入れている。このことからも,田代と高木の認識には違いがあることが推察できる。高木の「肢体不自由」は知的な遅れがなく,将来自立できる可能性のある子どもであり,この高木の定義は,肢体不自由教育にも影響することになる。

　光明学校開校準備において東京市教育局は,新教育思想や身体虚弱児の開放学級での経験を評価し,結城捨次郎を校長に選任し,高木に託した。高木は,整形外科診療を半年間以上見学することを条件に,結城が適任であるか見極めることにした。

　また,東京市当局と田代より,光明学校に対する高木の構想の提出を求められた際には,ドイツにおける単なるクリュッペルスクールの失敗を分析し,以下の方針で回答している (p.63-64)。

① 軽微なる不自由症の児は,差支なき限り普通の小学校へ通学させる。
② 医療が殆ど終了せるもののうち,未だ普通の学童と立ちまじいらせるのには肢体の機能が不充分にて,廊下,階段等凡てに於て未だ相当の擁護を不可欠とする児童には,斯るクリュッペル学校は必要有効なりと信ずる。光明学校の意義は茲にある。
③ 尚,整形外科的医療を必要とし,且つ相当医療の可能なる例に就ては,クリュッペルハイム施設内の教育が妥当と考える。充分医療を加え乍ら義務教育ももうけるものとして医療・育成・教育・職業教導の完備を必要とするから。
④ 智能低下を伴うものは,肢体不自由児施設よりも寧ろ智能低下者

の収容施設等の入所とその特殊教育をうけさせることが妥当であろう。

⑤ 肢体不自由症と盲・聾症を併患せるものに就ても，盲や聾に対する適当な施設収容を主体とし，肢体不自由の方は従として擁護すべきものであるから，教育面に就ても主として盲・聾に対する教育を先ず授けるべきであろう。

④で示す子どもたちは，「不治永患児」といわれ，文部省（1958）は，脳性まひのうち「著しい知能障害を有するものや克服意欲のはなはだ低いものは更生が困難である（略）また，知能は正常であっても身体的障害があまりにも高度なケースもまた更生が困難である。以上のような更生困難なものは，不治永患児の部類にはいるものであって（略）肢体不自由児施設や養護学校の対象にならない。」（p.51）と示している。

高木の構想は，肢体不自由児を学校に入れることが，慈善的恩恵的騙慢になることなく，治療により改善したら自立させるのだという考えに基づくものである。

高木は，結城に「教育の方策としては特殊の方法や特殊の機具なぞも必要であるが，絶対に特殊児童視しないこと，理想は早く肢体不自由児学校から普通学校に通いうるように努力すること」（p.62）を指導し，光明学校が開校した。

高木は，竹澤さだめに校医を任せた。竹澤は，明治36（1903）年9月8日，愛知県知多郡岡田町に生まれ，家業を継ぐつもりで整形外科の道を選んだ（松本昌介，2005）。東京女子医学専門学校を卒業後，高木の下に入局した。光明学校の訓導であった小野勲（1969）は，「きわめて気品の高い，美しい女医先生で，（略）毎週2回来校されて，実に熱心に診断にあたられていた。」（p.651）と述べ，小学生であった花田春兆（2000）は，「当時はまだ多くなかった洋服を颯爽と着こなして，風のように行動する美人でしたから（略）普段は古めかしいふんいきの治療室が一挙に色めき立つのでした。」（p.71）と回想している。母の会やクリュッペルハイム構想についても高木を助けた直弟子である。石原昂（1991）は，「当時の大学医学部教授は医局員にとっては神の存在に近かった。教授に呼ばれて部屋を訪れる以外には自らドアをノックすることなぞ極めて

稀である。高木教授は特にこの点厳しかったらしく，医局員が教授室に入ること等皆無であったという。ところが，竹澤貞女だけは例外であった。まったく自由に教授室に出入りしていた（略）彼女は，障害児に関する教授の仕事を補佐し，またこれらの子に対する診療を自らの天命と考えていたのではなかろうか。」(p.5)と記している。竹澤と懇意であった東星学園クリュッペルハイムの創始者守屋東は，我が国の女医では初めての留学となる竹澤の帰国後，ドイツのクリュッペルハイムの話を聞き，本格的に設立を考えた（松本，2005）。昭和14（1939）年，高木の助けもあり東星学園クリュッペルハイムは開園したが，竹澤は結核を患っていた。昭和15（1940）年校医を辞し，3年後，39歳で亡くなった。

　高木は，長年の構想である肢体不自由児のためのクリュッペルハイム開設には，多くの人々の理解を得ることが必要だと考えた。そこで，昭和9（1934）年4月，日本医学会総会で，映画239場面，幻灯118枚による過去十年間の臨床結果の披露を行った。参加者は，肢体不自由は不治の病ではなく，治療効果を上げ，立派な社会人に成長することができることを知った。これは，ラジオで全国中継されたため，国民からの反響も大きかった（p.68）。演説が終わり，万雷の拍手は，医師たちの深いため息に変わったという。こうして，徐々に，整形外科的治療による肢体不自由児の社会的自立の可能性が社会に周知されていく。高木のクリュッペルハイム構想は，戦後の児童福祉法の中に位置づき，肢体不自由児施設が規定された。しかし，高木は，不治永患児は，肢体不自由児施設の対象ではないと考えており，不治永患児の実態に応じて，さらに教育と保護の二つの施設が必要であると考えていた。

　昭和33（1958）年，高木は，不治永患児について，施設が最善とは思えない。できるだけ両親の手元で世話をしてやるべきであり，家族が何の気兼ねもなしに安心して生活していける世の中にすることが先決であるという考えを示した。しかし，当時の社会の状況ではそれをすぐに実現することは困難とも述べ，家庭で起こる悲劇を防ぐために早急な施設設置が望まれると訴えた（高木，1958）。

　昭和25（1950）年，日本整形外科学会は，高木の「肢体不自由」の定義を採択している（村田茂，1977）。

「肢体の機能に不自由なところがあり，そのまゝでは将来生業を
営む上に支障をきたすおそれのあるものを，肢体不自由児とする。
（但し，著しき知能低下者を除く）」（p.1）

　辻村泰男（1971）は，昭和28（1953）年の「教育上特別な取り扱いを
要する児童・生徒の判別基準」に携わった。「肢体不自由とは何か，と
いうことについては，わが国では故高木憲次博士の定義が，久しく厳然
たる権威を持ち続けている。（中略）他の障害とのバランスから，ほん
のわずかな修正を企ててもなかなか御聴許がなかった。」（p.4）と，後
年，高木の影響を述べている。文部省と厚生省は，高木の定義から「但
し，著しき知能低下者を除く」を削除し次官通達を出した。

表3　昭和28（1953）年，教育上特別な取り扱いを要する児童生徒の判別基準について（文部事務次官通達）

肢体不自由：肢体（体幹と四肢）に不自由なところがあり，そのままでは将来生業を営む上に支障をきたす虞のあるものを肢体不自由者とする。		
	基　　　準	教　育　的　措　置
1	きわめて長期にわたり病状が持続し，あるいはしばしば再発をくり返すもの，および終生不治で機能障害が高度のもの。	就学免除を考慮する。
2	治療に長期間（2か年以上）を要するもの。	養護学校（有寮）か特殊学級に入れて，教育を行い治療を受けさせることが望ましい。
3	比較的短期間で治療の完了するもの。	特殊学級に入れて指導するかまたは普通学級で特に留意して指導するのが望ましい。
4	約1か年で治療が完了するもの，またはこの間に運動機能の相当の自然改善，進歩が望まれるもの。	就学猶予を考慮する。

　高木は，当事者や家族が社会に位置付くように導く数々の試みを実践
した。辻村（1967）は，「抽象的，部分的にではなく，具体的現実的に
事象の本質をとらえずにはおかない，真実の科学者であった先生は，そ
れと同時に，また穏やかであたたかな人間先生でもあった」（p.403）と

記している。

　職業の問題まで立ち入ることは医学の範囲を逸脱すると批判を受け
たこともあるが（p.78），高木の労苦を惜しまない，ぶれない姿勢は，
「あなたが大切，大事な子どもなのだ」というメッセージとして本人や
家族に届いたのではないだろうか。子どもにとって，これほど力づけら
れることはない。高木の功績は，「療育の父」「肢体不自由児の父」と称
えられている。

　高木の対象観は，「肢体不自由児，不治永患児，その中間の不自由児
それぞれに，医療，教育，労働，福祉等，適切な対応を見極め，社会が
その命を育むべき子ども」であるといえる。

文　献

福 島　　正（1969）昭和の初めの頃の思い出　私の思い出　第4部あのころ・
　　このとき　肢体不自由教育の発展改訂増補版　全国肢体不自由養護学校
　　長会編　日本肢体不自由児協会　pp.649-650
五 味 重 治（1985）我が国肢体不自由児の療育にたずさわって　理学療法学
　　12　pp.237-244
花 田 春 兆（2000）雲へ上る坂道　車椅子からみた昭和史　中央法規出版　p.71
石 原　　昂（1991）守屋東（あずま）と医師竹澤貞女（さだめ）　医学史散策その90
岩 井　　哲（2018）やまがた再発見401～402 柏倉松蔵（上）（中）（下）　山
　　形新聞2018年4月8日・15日・22日付
岩 間 吾 郎（2019）いびつ伝－日本最初の養護学校を創った柏倉松蔵の物語
　　文藝春秋出版
金 子 魁 一（1963）(8) 田代先生を懐う　一追悼録　田代秀徳編　先考遺影
　　南江堂　p.156
柏 倉 松 蔵（1956）肢体不自由児の治療と家庭及学校　柏学園
岸 辺 福 男（1963）二,五十日祭と追憶談　田代秀徳編　先考遺影　pp.258-
　　259
松 本 昌 介（2005）竹澤さだめ－肢体不自由児療育事業に情熱を燃やした女医
　　田研出版
村 田　　茂（1977）日本の肢体不自由教育－その歴史的発展と展望　慶応通信
日本整形外科学会（1987）8. 東大整形外科学教室の創立　II日本整形外科学
　　会が設立されるまで　日本整形外科学会60年の歩み－第60回日本整形
　　外科学会記念－　日本整形外科学会

日本肢体不自由児協会（1967）高木憲次－人と業績

二宮文右衛門（1940）新学校体操　目黒書店

文　部　省（1958）肢体不自由児教育の手びき（上）　日本肢体不自由児協会

文　部　省（1972）学制百年史

永　井　　明（1969）終りのない道　日本キリスト教児童文学全集〈第10巻〉
　　永井明集　教文館

中　川　一　彦（1984）柏倉松蔵の医療体操に対する考え方に関する研究　筑波大
　　学体育科学系紀要（7）　pp.201‑207

大原社会問題研究所（1921）日本社会事業年鑑　p.37

小　野　　勲（1969）昭和10年の話　第4部あのころ・このとき　肢体不自由
　　教育の発展改訂増補版　全国肢体不自由養護学校長会編　日本肢体不自
　　由児協会　p.651

杉　浦　守　邦（1986）日本最初の肢体不自由学校柏学園と柏倉松蔵　山形大学教
　　育学部養護教室　山形県特殊教育史研究会

田部井健二（2014）田代義徳博士　人生意気に感ず　田代義徳博士顕彰会・足
　　利市田中町観光協会

高　木　憲　次（1948）肢体不自由児と共に三十有余年　厚生時報　第3巻第6号
　　日本肢体不自由児協会編　高木憲次－人と業績　1967　p.220

高　木　憲　次（1958）早急に施設の設置を　日本肢体不自由児協会編　機関紙手
　　足の不自由な子どもたち第4号　1面

高　木　憲　次（1963）（6）田代先生の逸話　一追悼録　田代秀徳編　先考遺影
　　南江堂　p.149

高　取　吉　雄（2012）肢体不自由児の療育－三人の夢　リハ医学会50周年企画
　　講演まとめ　リハビリテーション医学49　pp.67‑72

竹　本　吾　市（不明）柏学園を紹介す　備作教育　206号　p.42

田　代　重　徳，山　本　米　子，田　代　秀　徳，今　村　百合子，田　代　萱　子（1963）
　　五，家庭における父母　田代秀徳編　先考遺影　南江堂　pp.415‑468

田　代　義　徳（1907）整形外科の説　日本医事週報第616号　『田代義徳先生－
　　人と業績』東京大学医学部整形外科学教室開講70周年記念会

田　代　義　徳（1930）手足不自由なる児童の保護につきて　市政　第1巻第6・
　　7号　市政講究会　p.14

田　代　義　徳（1934）不具児童の養護　日本学校衛生22　p.593

東京府慈善会（1920）東京府慈善協会会報　第10号　pp.79‑80

辻　村　泰　男（1967）高木憲次先生のこと　第3部追想編　高木憲次一人と業績
　　日本肢体不自由児協会　p.403

辻　村　泰　男（1971）障害・判別・教育課程の基準　肢体不自由教育6　日本肢
　　体不自由児協会　p.4

堤　　直 温（1969）田代博士と高木博士　第 4 部　あのころ・このとき　肢体不自由教育の発展改訂増補版　全国肢体不自由養護学校長会編　日本肢体不自由児協会　p.656

堤　　直 温（1982）開設当時の思い出　Ⅳ北療育園の思い出　東京都立北療育園編　療育の歩み - 重い脳性まひ児の療育史 -　20 周年記念誌　p.149

蒲 原　　宏（1962）5 . 日本近代整形外科の誕生　日本の近代整形外科が生まれるまで（日本整形外科小史）　整形外科 13　南江堂編　pp.1132 - 1137

蒲 原　　宏（1975）日本整形外科史における田代義徳先生　その父たるものの条件　整形外科 26　南江堂編　pp.901 - 906

蒲 原　　宏（1987）Ⅱ日本整形外科学会が設立されるまで　日本整形外科学会編　日本整形外科学会 60 年の歩み　pp.2 - 9

蒲 原　　宏（2006）日本整形外科の歴史と田代家　日本医史学雑誌 52　日本医史学会　pp.10 - 19

注）柏倉松蔵の生涯と業績については、「肢体不自由児の治療と家庭及学校」（柏倉松蔵，1956）と「日本最初の肢体不自由学校柏学園と柏倉松蔵」（杉浦守邦，1986）に詳細な記述，資料が収録されており，他の文献の殆どがここからの引用であった。本書もこれを主たる文献として用い，必要な箇所には引用を付した。高木憲次の生涯と業績についても同様であり，「高木憲次 - 人と業績」（日本肢体不自由児協会，1967）を主たる文献とし，必要な箇所には引用を付した。

第2章　昭和38（1963）学習指導要領

1．学習指導要領制定への動き

　昭和32（1957）年6月，開校していた4校の校長による第1回肢体不自由教育研究会が開催された。学校設置基準，就学を判断する児童生徒の判別基準の必要性等も話し合われ，12月には第1回学習指導要領研究会が開催された。ここには，4校の校長に文部省の辻村と山口薫，整肢療護園教育部主任の石川昌次も加わった。表5のように公立養護学校整備特別措置法全面施行以降，光明学校と神戸市立友生小学校は養護学校となり，学校の数も増加した。後発の各学校とも情報交換や様々な課題の共有もなされた。昭和33（1958）年には学習指導要領研究会が数回開催された。あくまでも校長会主催の自主的な研究会であったが，この教育を推進する原動力になっていた（藤田貞男，1963）。

表5　昭和34（1959）年度までの肢体不自由養護学校

昭和 7（1932）	東京都立光明養護学校（昭和32年4月より）
昭和31（1956）	愛知県立養護学校 大阪府立養護学校 神戸市立友生養護学校（昭和32年9月より）
昭和32（1957）	**公立養護学校整備特別措置法全面施行**
昭和33（1958）	東京教育大学教育学部附属養護学校 静岡県立養護学校 尼崎市立尼崎養護学校 京都市立呉竹養護学校 神奈川県立ゆうかり養護学校 群馬県立二葉養護学校

　文部省は，昭和33（1958）年に『肢体不自由児教育の手びき（上）』を発行し，特殊教育の現状と振興方策，肢体不自由児の療育，判別，起因疾患，心理と精神衛生，医学的訓練，肢体不自由教育の歴史，肢体不自由児と社会について示した。
　昭和34（1959）年4月になり，文部大臣から委嘱された題材等調査研

究会（養護学校小委員会）が，ようやく学習指導要領制定の準備に入った。ここには，校長6名のほか，のちに園長となった整肢療護園副園長小池文英が加わっている。小池は，戦後，復員し，年を重ねた高木憲次に寄り添い，整肢療護園の再建を果たすなど「以後終生片腕となって師弟の固い絆を示した」（津山直一，2002）といわれる人物である。

　また，この年から，学校保健法で就学前の健康診断が義務化された。任意に行われていた身体検査程度の内容が，病気や障害の発見，その後の適切な指導が企図された内容に変更され，肢体不自由児の発見に期待がもたれた。肢体不自由児の実態が明らかになると，養護学校や特殊学級の必要性がこれまで以上に社会に認識されるようになる。文部省の辻村（1959）は，学校保健法が，肢体不自由教育を促進させるエネルギー源となり，養護学校や特殊学級の増加に繋がることを期待していた。

　昭和35（1960）年11月には，研究会が，特殊教育調査研究会養護学校部会委員会に改組され，2名の校長と整肢園園長の多田富士夫が加わった。この後およそ2年間，文部省は，それぞれの学校の実情と学習指導要領に対する意見をよくきき，養護学校小学部学習指導要領肢体不自由教育編の原案を検討している。昭和37（1962）年7月，文部省は，肢体不自由教育講座で原案を説明し，参加者に意見を求めた。昭和38（1963）年2月には，教育課程審議会を経て，初めての学習指導要領（小学部）が，正式に発表された。そして，校長や指導主事を集めて説明会が開かれ，4月1日より適用された。中学部の学習指導要領は，翌昭和39（1964）年に制定された。

　文部省は，この初めての学習指導要領でとりあえず実施し，のちに改訂を加えることを考えており，文部事務次官通達とした（文部省，1965）。校長会の自主的な研究会から数年，小学部，中学部の学習指導要領が制定され，同解説書は，昭和40（1965）年に示された。この間も，現場での実践は続けられ，昭和40（1965）年には，東京都，兵庫県内に各5校を含め，全国で51校の肢体不自由養護学校が開校されていた。

　この時期の学習指導要領および『肢体不自由児教育の手びき（上）』の編纂者の特徴は，高木憲次に代表される医師の参加である。肢体不自由教育の内容について，文部省独自には決定できない側面があり，医療と教育の連携を前提とした教育であったことがわかる。

編纂者であった小池（1970）は，施設併設養護学校を対象とした学習指導要領を別に作ることを強く要請したが受け入れられなかったと述べている。また早瀬（1962）も，不治永患児と機能訓練の必要さえない軽い障害児という両極の者を除いても，以下の三つの形態が必要になると考えていたことを記している。

① 手術や短期の訓練目的を主とする施設内養護学校
② 社会的，職業的自立などの完成教育を建前とした単独養護学校
③ 両方の要素をもった併設養護学校

学習指導要領の対象児について，昭和40（1965）解説には，肢体不自由という単一の障害を有するもので，しかも学校の教室に通って授業を受けることができるものを標準として作成されたことが示されている。

また，単一障害ではない知的障害のある脳性まひ児等については，起因疾患による実態の違いごとに学習指導要領を作成することは困難であり，特例で考慮することも明記されている。

2．教育課程の編成と特例

教育課程の編成は，小学校に準じており，国語，社会，算数，理科，音楽，図画工作，家庭および体育・機能訓練の各教科と，道徳，特別教育活動，学校行事等によることが示された。小学校と異なる教科は，体育・機能訓練である。

年間授業時数の標準も小学校と同様であるが，体育・機能訓練の授業時数が各学年とも週5時間を標準とされたので，小学校よりも週の総授業時数が，各学年とも2時間増加した。

授業時数の配当における注意事項には，児童の肢体不自由の状態を考慮し，負担過重にならないように留意すること，体育・機能訓練の授業時数を適切に配当すること，時間割は，調和的，能率的な指導ができるように配慮すること等が示された。

授業時間には，教室移動や休憩の時間は含まず，1単位時間は45分とされたが，児童の実態により45分未満でもよいと示された。

また，各教科の学習内容は，全て小学校と同様に取り扱うものであるが，児童の実態に応じて指導する事項を軽減することや，履修困難な各教科は，児童の実態に応じて適切に課す等，個々の児童に特別な配慮が

必要であることも述べられている。

　教育課程の編成等，ここに示されたものは，単一障害の通学生を対象としており，小池や早瀬が主張した施設内養護学校，併設養護学校については，実情に応じて特例で考慮するように示された。

　教育課程の編成について特例として示されたのは，私立の養護学校における宗教に関すること，複式学級の指導，非常変災・伝染病等についてと合科授業の届出の義務と，以下に示す重症脳性まひ児等についての特例である。

- 昭和38（1963）学習指導要領小学部　特例(3)
  重症脳性まひ児童のために特別に編成された学級や肢体不自由児施設等に入院治療中の児童については，実情に応じた特別な教育課程を編成し実施することができる。

　そして，翌年の昭和39（1964）学習指導要領中学部では，上記の特例が以下のように変更されている。

- 特例(3)
  肢体不自由の程度の重い生徒または肢体不自由児施設等に入院治療中の生徒については，実情に応じた教育課程を編成し実施することができる。

- 特例(4)
  肢体不自由以外に他の心身の故障をあわせ有する生徒に係る教育課程については，特に必要がある場合は，特別の教育課程によることができることとなっている（規則第73条の11第1項）

　特例(3)は，小学部で「重症脳性まひ」と示された箇所が，「肢体不自由の程度の重い生徒」と変更され，表現もすっきりしている。生徒の表記は，児童に読み替えるとされた。同じく特例(4)は，小学部にはなく，中学部で初めて示され，児童についても読み替えるとされた。この特例では，特別の教育課程とだけしめされていて，教育課程の編成は，学校に任された。

　肢体不自由児施設では，この特例に示された「肢体不自由の程度の重い児童生徒」の就学にも対応する必要が生じていた。しかし，昭和40（1965）解説書では，肢体不自由養護学校のあり方として，肢体不自由のある者全てが，養護学校の対象になるのではなく，就学猶予や就学免

除，特殊学級や普通の学級の対象児があることが明示されている。また，昭和37（1962）年10月の学校教育法，同法施行令の一部改正による教育上特別な取扱いを要する児童生徒の教育的措置について留意すべき点を参考にするように示された。

昭和40（1965）年解説書には具体的に「極めて重症であり，たとえば椅子に腰かけておることさえ出来ないような状態にあるもの，基本的な生活形式（排便，排尿）に全然欠けるものなどは，学校において取り扱うことはできないので，むしろ就学猶予免除を考慮するのが適当である。」（p.11）と示されている。また，知的障害の程度は，各養護学校において入学を決定する際の検討事項になった。知的障害の場合，学校教育の対象が，知能指数を参考にすればおおむね46以上とされていたことから，知能指数がおおむね45以下であると確認できた場合は，原則として養護学校の対象にしないことが示された。また，知能指数が46以上であったとしても，学校ごとのいろいろな事情を考慮したうえで，「もう少し上で切ることも考えられる」（p.12）とされている。

一方，既存の知能検査は，肢体不自由児の知能の測定法として必ずしも適当ではないこと，脳性まひに伴う知能の遅滞は，必ずしも知的障害に起因するものとは限らないことも示された。

3．機能訓練

機能訓練は，肢体不自由養護学校の教育課程の中で最も重視しなければならない特別の指導分野とされながら，体育・機能訓練という教科に位置づけられた。学習指導要領の編纂者であった早瀬（1992b）は，次のように述べている。

　　特にこの分野は，肢体不自由教育の重要な部面だけに，あらゆる機会に検討され最後まで問題にされた。私は，とくに機能訓練は，多様な病因や障害の程度から，評価は困難で教科としてはなじまない，領域とすべきだと主張したが，東京教育大学の橋本重治教授は，評価は可能だと反対された。ことに評価学の大家である橋本教授のお言葉と一校長の言の重みの違いで，結局，「体育・機能訓練」という教科にすることで落ち着いた。私は不満

だったが，教科であれば，当然免許状が要るし，養成を考えざる
　を得ないだろう，また時数がはっきりしてくるし，定員数も配慮
　せざるを得なくなるだろうと，希望的な観測すらもったものであ
　るが，結局はほとんど裏付けはされなかった。(pp.103-104)

　この事情について村田（1992）は，当時の教育課程は，小学校等に準
ずる方向に強く規制される傾向にあり，行政的には小学校等と異なる領
域を新設することに強い難色があったと述べている。ようやく編纂され
た学習指導要領であったが，小池，早瀬，村田の証言から，文部省が，
この教育の独自性を学習指導要領の中心にすえようとしなかったことは，
明らかである。
　機能訓練は，第1章総則第4に示され，肢体不自由児の機能回復は，
訓練をすることによってある程度回復し障害を軽減することができるこ
と，そのため，養護学校においては，児童の機能障害の状況を正しく把
握し，障害の改善のために適切な訓練を行わなければならないことが明
示された。この適切な訓練を実施するために，機能訓練の時間の指導は，
「特別な技能を有する教職員が，学校医の処方に基づき，児童のもって
いる残存能力，代償能力，および回復能力を利用し，各種の機械器具を
も活用して，児童の積極的な参加のもとに，個々の児童の障害の改善を
図るように指導するものとする。」(p.100) と示された。
　このように実施する機能訓練の目標は，「個々の児童のもっている機
能の障害を改善させるとともに，みずから進んで障害を克服しようとす
る態度を養い，健康な生活ができるようにすることにある。」(p.100)
となっている。
　第2章各教科の各教科の目標，内容ならびに指導計画作成および学習
指導の方針にも，機能訓練の三つの目標が示された。
- 機能の障害を改善するために必要な訓練を行ない，日常の起居動作
　の不自由を克服して生活能力の向上を図る。
- 機能訓練の意義を理解させ，積極的にこれに参加するとともに，日
　常においてもみずから訓練を行なおうとする態度を養う。
- 障害の状態を自覚し，それに即した機能訓練の方法を身につけさせ
　るようにする。

そして，機能訓練の内容は，表6に示したように機能の訓練，職能の訓練，言語の訓練に分けて示された。

表6　機能訓練の内容

ア機能の訓練	
基本動作訓練	：他動運動，介助運動，自動運動，抵抗運動などを通して各肢節の基本動作を習得する訓練を行なう。
起立歩行訓練	：起立歩行用の各種の器具を利用して，体幹および下肢の応用動作の訓練を行なう。
水治訓練	：水の物理的特性を利用して，上記の諸訓練を行なう。
イ職能の訓練	
応用動作訓練	：種々の作業を通して肢体の総合訓練を行なう。
日常生活動作訓練	：種々の日常生活動作を習得する訓練を行なう。
ウ言語の訓練	：発語・発音等に必要な基礎能力を高めるために呼吸調節や構音機能の訓練を行なう。

上記の内容を実施するにあたっては，次の事項を指導するものとする。
　・自己の障害を正しく理解させる。
　・自己の障害を改善するのに必要な機能訓練の意味と方法を理解させる。
　・みずから進んで機能訓練を行なう習慣と態度を養う。

指導計画作成および指導上の留意事項では，専門医の処方に基づき，必要がある場合にはその指導を求め，内容の中から個々の児童に最も適したものを選定することの必要性が示された。また，実態に応じて，補助的手段としてマッサージ等を課すことや，カリエスの児童等，機能訓練によって弊害が生じる可能性がある実態には専門医の指導を求め慎重を期すことが示された。

この機能訓練の指導は，田代の考えに沿うものであり，光明学校における機能回復の指導や戦後開校した養護学校の実践を踏まえたものであるといえる。

早瀬（1992a）は，大阪府立養護学校開校当初，数名の教師を「毎日午後，隣接の大阪府立身体障害者更生指導所で実施されていた機能訓練について研修させた。と同時に，同指導所の田村春雄所長を学校医に委嘱して，教職員の指導をお願いした。そして，機能訓練室，職能訓練室，

言語訓練室のほか，温水暖房の水治訓練室を備え，訓練関係教職員を25名まで増員し，校務分掌として訓練部を独立させるなど，機能訓練の一層の充実を図った。」(p.34) と記している。この機能訓練の指導について，医師法違反ではないかと批判があったが，早瀬は，大阪大学整形外科の水野祥太郎や田村の支援を受け，教育の内容として，機能訓練を適切に位置づける取り組みを進めた。保関建典（2005）は，この早瀬の功績を「他に比類すべきもののないほどの快挙であった。この思想は，肢体不自由教育の歴史的な事象として特筆されるべきこと」(p.3) と述べている。

　早瀬は，「仮に医療行為であったとしても，子どもたちの機能の改善・克服のためにやらねばならないことはやる」（松本嘉一，1991，p.17）と述べることもあったようであるが，子どもたちのために必要なことは全て行うという信条のあらわれであろう（早瀬，1992a；松本）。

　通学制単独養護学校の京都市立呉竹養護学校は，療育として週6時間，施設併設の愛知県立養護学校は，機能訓練として週11時間実施していた（文部省，1982）。毎日平均1時間実施すると，当時，土曜日は休みではなかったので，京都市立呉竹養護学校のように週6時間になる。愛知県立養護学校の週11時間は，施設併設校であるため，指導時間が多くなったと思われる。

　全国養護学校長会は，昭和32（1957）年から4年ほど「機能訓練」の用語としての取り扱いを協議主題として取り上げた。そして，治療的な指導については，次第に機能訓練と呼ぶようになり，学習指導要領で教科名になったわけである。機能訓練という用語は，昭和27（1952）年頃，小池が考えた造語であるとされている（西宮養護学校，1992）。

　昭和42（1967）年に発行された文部省の『機能訓練の手びき－肢体不自由教育のために』では，肢体不自由児の持つ問題は，医学・教育・職業・社会等多くの領域と関わり，重複し重層的な関係であると述べられた。そして，「養護学校における機能訓練は，医学的リハビリテーションの一環をなす，いわゆる教科としての機能訓練と，教育的リハビリテーションの一環をなすともいうべき，いわゆる教育活動全体を通して行う機能訓練とから成り立っていると考えてよい。」(p.11) と示された。さらに，養護学校における機能訓練の特徴として，医学的リハビリテーショ

ンのかなり大きな分野を占めること，機能回復の課題には相当長期間取り組む必要があることから，児童生徒の発達段階に応じた，継続的，計画的な指導の必要性が述べられている。

　肢体不自由児に限らず，児童生徒の発育・発達に伴う身体の変化は，身長や体重等に現れる。肢体の状態や各動作では，発育による重心の変化に対応することも必要になってくる。機能訓練の指導を最大限生かすには，児童生徒の実態把握が重要になる。

　昭和40（1965）解説では，機能訓練担当の教職員に，常に進んで研修につとめ，校医との連絡を密にすること，他の教職員との連携を保ち，効果がより一層あがるよう努めることが期待されている。また，訓練計画は，すべて個別に立案し，実施においても原則，個別指導が望ましいと明示された。一方，発語意欲をたかめ，集団力学効果を活用するため，随時，集団指導を行う配慮が大切なこと，指導者との望ましい人間関係が基盤になることが留意事項としてあげられた。

4．肢体不自由児の特性

　昭和38（1963）・昭和39（1964）学習指導要領および同解説書の特徴として，教育課程の編成や各教科等の指導において，肢体不自由児の特性が繰り返し述べられていることである。これは，手足や体幹に障害があってその使用が制限されていることにより，現状のままでは，日常生活や家庭生活，職業生活等を営むに際して不適応をきたす恐れがあるためである。本来，子どもは，目の前のことに興味を持ち，思う存分活動する体験を通して様々なことを学んでいく。しかし，肢体不自由という障害によって，当然の欲求を阻止され，心理的，社会的な理由によっても社会に乏しく，情緒的不適応を引き起こしやすいと述べられている。昭和40（1965）解説には「肢体不自由教育の性質」（pp.1-6）が，詳しく述べられていることにも注目したい。

　これは，換言すれば，これから全国で広がる肢体不自由教育において，障害にとらわれない視点に立ち，二次，三次的な障害を回避することが重要であること，全人的な教育を施すという理念からも肢体不自由児の特性を十分理解し，より良い方向へ導くことが示されたといえる。文部省（1958）は，肢体不自由による児童生徒の生活特徴を一次的特徴と二

次的特徴に分け下のように示している（p.72）。

○脳の器質的変化	一次的特徴	粗暴
○道具としての障害 　自由行動の制限 ○社会的刺激の影響 　両親の望ましくない態度 　友人のからかいや仲間はずれ 　疾病(手術)への恐怖	➡ 二次的特徴	劣等感 自発性欠如 内気 はずかしがり 過敏 神経質 恐怖心

　そして，昭和40（1965）解説で，性格特徴から不適応を招くことがあると説明されている文中の語句は，以下のものである。

　　動作の異常，器官劣等感，経験の不足，知能の低下，感覚知覚の異常，言語障害，性格の問題，態度の問題，心構えの問題，世界観の問題，行動の不如意，姿や動作の不恰好，整形手術やマッサージの苦痛，ハンディキャップ，ゆがんだ性格，非協調な態度，孤独的世界観，身体欠陥，悪条件の存在，欲求不満，消極的態度，逃避的態度，背伸びした虚勢的生活態度，代償行動，四面楚歌，逃避，かん黙，因循，白昼夢，ナルチシズム，身体や社会に対する不安感情，態度の未分化な状態，動揺，不平不満，非難，敵意，爆発，見聞が狭くかつ浅い。

　これらの語句は，なるべく具体的に肢体不自由児の特性を表わそうとしたものではあるが，社会が，肢体不自由児やその家族を理解せず，差別的な環境におかれたことでこのような特性を強めているという背景も見逃してはならない。
　また，昭和40（1965）解説には，各教科の配慮事項にも肢体不自由児の特性との関連で詳しい記述がある。一例をみると，教科としての体育・機能訓練のうち，体育では，障害を理由に，簡単にその内容を切り捨てたり，極端な場合には，体育を課さなかったりすることがないように注意喚起されている。柏倉松蔵が，体操教師として気にかけた肢体不自由児の体育への出席は，ようやく養護学校において明確に示されたこ

とになる。社会科では，肢体不自由児は，心理的身体的条件において，正常児と異なる点があるので，社会科学習において，正常児とは異なる興味や疑問や要求や願望を持っていることが考えられる。例えば，社会における病院の機能については正常児以上に強い関心を持っていることや健康についてはいっそう強い願望を持っていることが示されている。また，直接経験や観察等の経験的背景の貧困さに対処するために実地観察や見学を行わせるようにするのがよいとしながらも，それには限度があることも示し，不足については視聴覚教材の活用で補うように述べられている。そして，社会生活や人間関係の経験が乏しくて偏狭，孤独的，非協力的になりがちで社会に適応していくことができないことを補うための指導の必要性も示している。また，児童生徒の自発的活動を促し，態度を養うことと，家庭で過保護の状況におかれ依存的な生活に慣らされている場合があることとは関連があるため，家庭との連絡を密にして，自立的態度を養うように配慮することが極めて大切であると示されている。そして，肢体不自由養護学校の理想の教師は，単に肢体不自由児の学校教育の指導者であるだけでなく，家庭教育の在り方についての指導者でもあると述べられている。

　このように，両親による過保護や放任，拒否的態度が，肢体不自由児の成長に強く影響していることを教師が理解することは重要である。生きにくさを抱えた児童生徒には，多角的なアプローチが必要になる。個人の問題ではなく，歴史的な視点で，社会との闘いの結果でもあることをふまえ，家族や児童生徒への支援を強調したことは，これから始まる肢体不自由教育において不可欠なことであった。教師の子ども理解に関わる重要な視点である。そのため，「機能訓練は勿論すべての教育活動において望ましい性格や態度を育成することについてもまた十分配慮しなければならない。」（文部省，1965，p.14）と示された。

5．対象観

　各学校から何らかの基準を要望する声が高まり，ようやく制定された学習指導要領であったが，単一障害の肢体不自由児を対象として作成された。そして，医療と教育を兼ね備えた教育として，機能訓練という特別の指導分野が明確に示された。

肢体不自由児にとっては，医療も教育も必要だという田代や柏倉，高木の考えや，肢体不自由児にとって必要な手術後の後療法を効果的に行わせるために「学校風に」と考えた柏倉や光明学校の実践が，ここでようやく学校制度に位置づいたといえる。

　昭和40（1965）解説では，「本質的には正常者の場合と全く異ならない社会的使命と責務が負わされている」（p.7）ということを前提に，当時の社会に適応することができる人間として教育することが必要とされた。しかし，「そうはいっても，やはり彼らは特殊児童，生徒であり正常者とは異なった特殊性や差異性を所有している」（p.7）とも記され，正常者と全く変わらないとしながら，その特殊性に対するこだわりや戸惑いがこの解説からうかがえる。

　正常者に共通した一般性をみおとさずに教育するように繰り返し述べられ，この教育の方向性が示されたことは，新しく肢体不自由教育に取り組もうとする教師にとって重要な指針となる。これは，肢体不自由児も人並みに社会に出られるよう自立して欲しいと支援してきた医療と教育関係者の目標でもある。まとめていえば，「単一障害で，医療と教育を兼ね備えた教育によって正常児と同様の社会人となりうる子ども」というのが，この時期の学習指導要領にうかがえる対象観である。

文　献

藤 田 貞 男（1963）養護学校（肢体不自由）教育概説 – 小学部学習指導要領解
　　説　教育図書研究所　pp.38 - 40

早 瀬 俊 夫（1962）養護学校の姿　日本肢体不自由児協会編　機関紙手足の不
　　自由な子どもたち第37号　pp.6 - 7

早 瀬 俊 夫（1992a）（3）大阪府立養護学校草創期の試み　Ⅰ戦後肢体不自由
　　教育事始め　肢体不自由教育史料研究会編　証言で綴る戦後肢体不自由
　　教育の発展　日本肢体不自由児協会　pp.33 - 34

早 瀬 俊 夫（1992b）（2）機能訓練の位置付けについて　三学習指導要領　Ⅱ
　　特殊教育振興施策をめぐって　肢体不自由教育史料研究会編　証言で綴
　　る戦後肢体不自由教育の発展　日本肢体不自由児協会　pp.103 - 104

保 関 建 典（2005）戦後肢体不自由教育小史 – 大阪府立堺養護学校沿革史　肢
　　体不自由教育50年の課題 – 人阪府立堺養護学校教育心理検査室のあゆ
　　み　大阪府立堺養護学校　p.3

小 池 文 英（1970）医療と教育の結びつき　肢体不自由教育 4　日本肢体不自由協会　pp.4 - 7

松 本 嘉 一（1991）教育における医療的かかわりを考える　肢体不自由教育 100　日本肢体不自由児協会　pp.14 - 21

文　部　省（1958）肢体不自由児教育の手びき（上）　日本肢体不自由児協会

文　部　省（1963）昭和 38（1963）学習指導要領　日本肢体不自由児協会

文　部　省（1964）昭和 39（1964）学習指導要領　日本肢体不自由児協会

文　部　省（1965）昭和 40（1965）解説

文　部　省（1967）機能訓練の手びき－肢体不自由教育のために－　日本肢体不自由児協会

文　部　省（1982）肢体不自由教育の手引き　日本肢体不自由児協会

村 田　　茂（1992）(2) 新設の背景　三学習指導要領　Ⅱ特殊教育振興施策をめぐって　肢体不自由教育史料研究会編　証言で綴る戦後肢体不自由教育の発展　日本肢体不自由児協会　pp.105 - 106

西宮養護学校動作訓練研究会（1992）養護訓練入門Ⅰ（改訂版）西宮市立西宮養護学校

辻 村 泰 男（1959）不自由児教育に一進歩　学校保健法　新入学児に一斉健康診断　手足の不自由な子どもたち　第 11 号　日本肢体不自由児協会　p.4

津 山 直 一（2002）「高木憲次－人と業績－」復刻版の発行にあたって　日本肢体不自由児協会

第3章　昭和46(1971)・昭和54(1979)学習指導要領

1．脳性まひ児の教育

　昭和44（1969）年，全都道府県に肢体不自由養護学校が設置されるなど，肢体不自由教育は，「ここ十年間に飛躍的な大発展を遂げた。」（小野勲，1970，p.2）という状況に達した。それは，これまでにない教育的対応が展開されたことを意味する。

　肢体不自由教育の対象となる疾患は，昭和40（1965）年頃からポリオが減少したこともあり，戦後，肢体不自由児の教育を担ってきた養護学校や地域の特殊学級では，次第に脳性まひが70〜85％を占めるようになった。しかし脳性まひ児の教育に関する実践や研究は乏しく，指導的役割を果たせる人材もいなかった。

　昭和44（1969）年3月，「特殊教育の基本的な施策のあり方について」が示され，同年に行われた特殊教育教育課程研究発表大会（肢体不自由部会）では，改めて教育とは何かと考えてみる必要に迫られていること，療育施設や親の要請により消極的に受け入れていた態度を改め，重度化に応ずる共通理解や積極的な姿勢への転換が必要であることが討議された。

　文部省は，この年に『脳性マヒ児の理解と指導 – 入門期における指導のために』を発行し，入門期指導の意義と目標，身辺自立，社会性の発達，読み書き，数等の指導について実践的な内容を示した。

　この時期には「子どもの実態と教育の場の持つ条件の食い違い」（池田親，1970，p.5）から，教育の対象をどのように考えるのかということや教育内容や指導法の課題が浮き彫りになっていた。養護学校や特殊学級には，重複障害児学級が設けられ，これまでの教育が通用しない子どもたちの教育に邁進し，試行錯誤を繰り返しながら創造的な実践を続ける教師らもいた。

　神戸市立友生養護学校の名取美代子（1970）は，初めて養護学校に赴任し，入学式では肢体不自由児の実態に涙が止まらなかったという。同僚に導かれ，子どもたちに教えられ，付き添いの母親らと協力した実践について「これまでの教員生活の中でこれほど多くを考えさせられ，子どもたちのため進んで知識を得ようと焦った年もなかったと思う。」(p.17)

と記している。そして，子どもにとって養護学校の生活がどれだけ貴重なものであるかを実感している。また，「母親－子ども－教師」の三者の関係を，子どもの自立・心理的指導，母子分離，介助の点において検討し実践している。このような教師の努力と実践知によって，就学猶予や就学免除の対象であった脳性まひ児に教育の道が開かれていった。

　しかしそれは，未だ十分なものとはいえなかった。早瀬（1970）は，量的拡充に対して，脳性まひ児の実態に応じた適切な措置や指導がなされていないことを指摘し，憂慮すべき事態であると受け止めていた。早瀬は，学習指導要領の改正はもとより，脳性まひ児の教育では，運動のパターンを脳細胞や神経系統に作り上げることが重要であるとし，脳の構造的発達に立脚した精神的訓練が必要であると提起した。これは，脳性まひ教育の根本にかかわる課題であった。

　橋本重治（1970）は，脳性まひ教育では，広い視野で様々な分野の専門家が協力して取り組む必要に迫られているとし，その中心的責任者は，医師から教師へと変わりつつあることを示唆している。

　東京都立教育研究所の池田親（1970）は，既成の教育条件ではすでに限界に達しており，理念だけが先行して，重症児の受け入れに抵抗があることも事実であると述べている。その背景には，養護学校設置等の当面の問題に追われ，判別基準，教育課程，施設・設備，教職員資格等の行政的な基準を，子どもの実態やニーズとの関係で検討できていないことがあるとした。また，和田博夫の「現代の医学では，どんなに努力してみてもよくならない人々がいる（後略）」（p.5）ことを教育に置き換え，「たしかに，『教育によって変わる』ということが，教師自身の支えになり，社会の理解をうる根拠となりやすいけれども，この論理だけで進めていくかぎりは，どこかで破綻せざるを得ないと思われる。」（p.6）とし，「教育しても変わらないかもしれないけれど教育する」という最も深い意味での人間の尊重を踏まえると，全ての重症児は教育の対象になり得るとし，盲・ろう重複障害児教育分野の梅津八三・中島昭美らによる「行動の概念化」という新しい学習理論を提起した。さらに，糸賀一雄・田中昌人らを中心とする「発達保障」理論や，しいのみ学園の実践から昇地三郎の「十大教育原理」が提唱されていることを紹介している。

　この時期には，肢体不自由教育に関する実践・研究誌の発刊の機運

が高まり，重障児教育研究会による『重障児とその教育』，脳性マヒ児教育研究会による『脳性マヒ児の教育』，肢体不自由教育研究会による『肢体不自由教育』が創刊された。

2．昭和46（1971）学習指導要領

　肢体不自由教育の学習指導要領の改訂は，昭和43（1968）年の小学校，翌年の中学校の改訂のあと，昭和46（1971）年に特殊教育諸学校小学部・中学部学習指導要領として示された。これが文部省告示となる初めての学習指導要領である。

　昭和38（1963）学習指導要領の制定では，小池や早瀬から，肢体不自由養護学校の三つの形態による学習指導要領が必要であるという意見もあったが，むしろ養護学校共通で制定する方向へと進んだわけである。

　この改訂における基本方針は，教育目標の明確化，教育課程の弾力的な編成への対応，個々の児童生徒の障害に対応する指導領域を新設することであった。

　教育目標は，特殊教育が小学校，中学校に準ずる教育であることから，小学校，中学校の教育目標に加えて，「小学部および中学部を通じ，肢体不自由に基づく種々の困難を克服するために必要な知識，技能，態度および習慣を養うこと」が明示された。

　教育課程の弾力的な編成では，単一障害よりも重複障害の肢体不自由児が増加したことに対応するため，昭和38（1963）学習指導要領では，「特別の教育課程によることができる」とのみ示されていたものが，この改訂では以下のように特例がいくつか示された。

　① 合科授業（実態が未分化なため内容を有機的に統合する）
　② 学習が困難な児童生徒についての特例（一部を欠く，前各学年のものに代えることが可能）
　③ 重複障害者についての特例（統合授業：極めて未分化な実態であるため四領域の全部または一部について合わせて指導する，他の特殊教育諸学校学習指導要領との代替措置，脳性まひ等の児童生徒についての特例：各教科で示した特例による，養護・訓練を主とした指導，特別の教育課程：上記以外に必要な場合）
　④ 教育課程の研究のための特例

⑤ その他の配慮事項（小・中学校と同様：内容追加，複式学級による指導，指導内容の順序に定めはなく効果的に指導する）

この特例は，これまでの実践をふまえ，児童生徒の実態に対応できる教育課程の選択肢を用意したといえる。さらに，特別の教育課程を認め，想定外の状況にも対応できるように配慮された。

しかし，特例の適用においては，全ての脳性まひ児が対象だと安易に考えるのではなく，障害の程度，重複した障害の実態を見極めるよう，注意喚起されている。

授業時数は，小学校，中学校の総授業時数に準ずるが，学習内容を考慮し，各教科や領域のそれぞれの年間の授業時数を適切に定めることが示された。重複障害者および療養中の児童または生徒について，特に必要がある場合には，実情に応じた授業時数を定めることができることが明記された。また，養護・訓練（年間105を標準）や授業時数の1単位時間（40分を標準）においても，児童生徒の心身の障害の状態に応じて適切に定めることとされた。授業は，年間35週（小学部第1学年においては，34週）以上行なうよう計画するが，児童生徒の実態に応じて，週当たりの授業時数が負担過重とならないようにすることが示された。

個々の児童生徒の障害に対応する指導領域は，養護・訓練として新設された。教育課程では，各教科，道徳，特別活動と並ぶ新領域である。内容は，四つの柱，12項目となっている。

A　心身の適応
　1　健康状態の回復および改善に関すること。
　2　心身の障害や環境に基づく心理的不適応の改善に関すること。
　3　障害を克服する意欲の向上に関すること。

B　感覚機能の向上
　1　感覚機能の改善および向上に関すること。
　2　感覚の補助的手段の活用に関すること。
　3　認知能力の向上に関すること。

C　運動機能の向上
　1　肢体の基本動作の習得および改善に関すること。
　2　生活の基本動作の習得および改善に関すること。
　3　作業の基本動作の習得および改善に関すること。

D　意思の伝達
　　1　言語の受容技能の習得および改善に関すること。
　　2　言語の形成能力の向上に関すること。
　　3　言語の表出技能の習得および改善に関すること。

　養護・訓練の指導にあたっては，養護学校の障害種毎に，従来から取り組んでいる内容等を踏まえて指導することとされたが，知的障害教育について，この分野は，全く新設されたといえる。
　養護・訓練の目標は，以下のように示された。

児童または生徒の心身の障害の状態を改善し，または克服するために必要な知識，技能，態度および習慣を養い，もって心身の調和的発達の基盤をつちかう

　医療とのかかわりの深い肢体不自由教育においては，養護・訓練が，教育活動の基礎的役割を果たすことも示された。
　指導については，個別的，計画的に行うことや，児童生徒の意図的，主体的な活動が中心になること，身体的障害の改善を図ることに加えて，心理的側面を取り扱うことが明確に示された。また，特設時間を設けて行う養護・訓練の時間の指導を基本として，学校の教育活動全体を通して行う養護・訓練に関する指導が行われるという考えが示された。
　医療との関連で特に記載されたのは，感覚機能の向上において脳性まひ児の動作不自由の改善に取り組むことは重要であるが，神経系を問題にすることは不可能であり，医療の場と区別するようにと示された箇所である。感覚訓練については，いくつかの感覚を統合し意味づけを明確にする学習であると述べられ，運動機能の向上では，脳性まひ児の動作に必要な筋緊張が学習課題となり，この指導が重要であると説明されている。意思の伝達においては，言語の表出に困難が生ずる脳性まひ児の場合，呼吸，姿勢，構音に関わる部位の統合された動作が発声，発語であると，そのメカニズムを円滑にするため，スピーチセラピィ，動作訓練，弛緩訓練等の技法が大きな意義を持つという考えが示された。
　養護・訓練の時間の指導は，専門的な知識・技能を有する教師が行うことが原則とされ，この教師には，養護・訓練に関する指導においても

校内体制を整え，全教師の協力のもとに効果的な指導が行えるようリーダーシップ等も求められた。

しかし，専門的な知識・技能を有する教師の明確な規定や目安は示されていない。「ヒトの動作を研究する必要があり，訓練において動作そのものを深く取り扱うことなく，やればできるというしった激励を繰り返すことは誤った精神主義に陥る恐れがある。」（p.221）等と，注意喚起はなされている。

専門医などの指導・助言については，これまでの機能訓練で「学校医の処方に基づいて」と定められていたことが削除され，「必要に応じて専門の医師およびその他の専門家の指導・助言を求め，個々の児童または生徒に即した適切な指導ができるようにすること。」と示された。この大きな変更点の理由は，次の三つであるとされた（p.215）。
① 養護・訓練の指導は学校の教育活動である
② 養護・訓練を担当する教師が一層主体性を持つ必要がある
③ 学校の全教師が協力し合い，個々の児童生徒について心身両面から障害の改善を図る必要がある

整形外科学教室の発足から約70年続いた医師の処方による肢体不自由児への指導が，この変更により終わった。多くの学校が養護学校教育義務化の課題を抱える中，養護・訓練が教師の主体的な活動とされたことについては，混乱が生じた。肢体不自由児のリハビリテーションが教育的なものだけで良いのか，また，担当する教師の養成はどうあるべきかといった課題について，整形外科医も含め関係者からの批判があった。

3．新設養護・訓練の課題

学習指導要領の改訂に携わった立川博は，五味重治との対談の中で次のように語っている（五味・立川，1988）。

　この養護・訓練については先生もご存知の通り色々問題があるわけで，まず，第一に名称の問題ですが，養護・訓練とは何なのか。養護とは何のことか，（略）このように改訂作業の現場では様々な問題があったわけですが，結局は文部省の上層の方で決定されたわけです。（略）今までのお医者さんが主体で，その指示に従って

訓練を行うのではなく，教師が主体的に訓練しなくちゃならない。必要に応じてお医者さんの助言，指導をいただくというような形を考えたわけですね。では教師が主体的に扱う，考えるというが，その主体的に考える教師は子どもたちの障害に対する知識をどこで獲得することができるのか。（略）専門的知識・技能を持った教師が中心になって主体的に扱うという条文になっていますが，では専門的に扱う教師はいるのか。どこでそれを養成しているのか。だれがそういう教師であると認めるのか，という質問を文部省の人たちに仕向けていきますと，だれも答えられない。それは校長さんだとか……そのくらいがせいぜいですね。主体的にやっていく人間がいないなら，だれを中心として主体的なんだ。条文だけあって実際は実のないものになってしまった。(pp.18-19)

　このことから，昭和38（1963）学習指導要領と同様に，養護・訓練という新領域についても，再び，行政的な見地から，教育的な内容を整えることに力点が置かれたと理解することができる。

　養護学校の拡充に伴い，すでに各校では脳性まひ児の指導が，模索されていた。兵庫県立書写養護学校の中川透は，初めて機能訓練に動作訓練を取り入れた教師である。立川も脳性まひ児の指導には動作訓練をとり入れるべきだと考え実践していた（大野清志，1973：立川，2003）。松本和子（1971）は，脳性まひ児の機能改善には，毎日継続する訓練が必要であり，重症児には，一日2時間，訓練士による一対一の指導が必要であると考え，養護・訓練については批判的であった。上田信一（1971）は，自校の研究会で，脳性まひ児に必要な指導を総合的に，各分野の者が複数で協力して指導するという統合訓練を検討していた。

　文部省は，現場の戸惑いに十分応えられる状況ではなかったが，現場の教育は，立ち止まることなく進められた。しかし，課題もあった。細村迪夫（1974）は，肢体不自由児施設併設や隣接の養護学校（以下，併設校等という）では，教師自身の養護・訓練に対する認識が不充分であることを指摘している。

　リハビリテーションの一般的な考え方として，小池（1970）は，本質的には，医療も教育も大切であり，両者の間に価値の差はないとし，医

学的リハビリテーションが一応の段階に達して，入園による療育が必要なくなれば，単独養護学校や小学校，中学校で教育的リハビリテーションに重点が移るのが最大公約数的な姿であると述べている。

　併設校等では，児童生徒が肢体不自由児施設において，医師の処方に基づいた，理学療法士，作業療法士，言語聴覚士によって実施されるリハビリテーションを受けている。例えば，学校の授業と重なる時間帯に組み込まれることもあり，その間，児童生徒は学校から離れリハビリテーションを受けるが，内容的に，学校の機能訓練とみなしていたのである。併設校等では，児童生徒の手術や集中的なリハビリテーションのニーズを十分理解しており，その結果であるともいえる。しかし，機能訓練の指導は，教師が行うものである。その点が欠けていたために，細村の指摘となったわけである。養護・訓練の指導については，一から学ぶ必要が生じた教師もいた。

　小池（1973a）は，整形外科医の立場から，機能訓練が，養護・訓練に包含され，領域へ昇進したことを高く評価していた。しかし，指導体制については，理学療法や作業療法が極めて自然に養護学校のカリキュラムに位置付いている欧米を例に挙げ，医療と教育の連携の本質的な課題を真剣に検討することを提起している。小池は，養護学校の発展には，最高度の知識，技術の導入が必要であり，教師と医療の専門家の協働が必要であると考えていたのである。

４．成瀬・小池論争＝医療と教育の溝

　『肢体不自由教育』編集部は，学習指導要領の改訂から２年後，小池に「養護・訓練について」という巻頭言を依頼した。また，九州大学教育学部教授の成瀬悟策にも養護・訓練に関する見解か提言をテーマにした執筆を依頼していた。これが，「成瀬・小池論争」といわれる誌上討論の始まりである。経緯は，以下に述べるが，編集部（1974）は，「我が国の肢体不自由教育の歴史に残る重大事件」（p.57）という認識を示した。さらに，編集部内の企画者であった林邦雄と村田茂は，これらと関連の記事も再録し，「脳性まひ児をめぐる養護・訓練の課題」を加筆した『脳性まひ児の養護・訓練の諸問題』を昭和52（1977）年に出版している。

　成瀬（1973a：14号）は，他の立場を全く排するわけではないとしたうえで，動作訓練は，脳性まひ児の指導に最適であるとし，動作理論と動作訓練の考え方を紹介した。しかし，「機能訓練が実施されながら，それは物理的・機械的方法と生理的理論から成り立ち，そこに教育的視点が脱落したまま，ちぐはぐな形で教育の場に治外法権的に位置づけられたままということになっていたものと思われる」（p.6）とも述べ，機能訓練の問題を指摘したが，総じて，成瀬の理解不足か，誤解を生む経緯があったように思われる。

　小池（1973b：16号）は，養護学校の養護・訓練においてチーム・アプローチの姿が見えないことを危惧し，「確かに，脳性まひ児の療育は極めて困難な課題である。たとえば，先天性股関節脱臼のように，医療的におおむね簡明に解決のつくものとは実に雲泥の相違がある。したがってそこにいわば『医療不信』とでもいうべきムードに傾く気持ちも決してわからぬではない。」（p.63）と述べている。

　成瀬（1973b：17号）は，動作訓練について述べ，また，小池（1973b）の「養護学校において採られているアプローチは（略）チームによるものではなしに，単独専門家（つまり教師だけ）によるアプローチを志向しているように思われてならない。」（pp.53-54）という記述に反論するが，「『養護・訓練の時間を担当する教師の専門性，および主体性というものを明確にするために』という村田さんの願いが（略）」（p.9）という一文を読めば，この企画の仕掛人である村田・成瀬対小池という構図が浮かんでくる。

　小池（1973c：17号）の主張はぶれることなく，養護学校におけるチー

ム・アプローチを重視してほしいと繰り返した。少し長くなるが，小池の意図を明確に理解するためにそのまま引用する。

　　個々の障害児を中心として，PT，OT（筆者注：PT＝理学療法士，OT＝作業療法士），嘱託医，心理学者，ケースワーカー，教師，等々がそれぞれ独自の手腕を発揮し，これを校長の高邁なる識見と力量をもって，一大協和音を高らかに奏でるように，プログラムを編成し，運営するところにこそ，養護学校の特色がある－それによって個々の障害児が"全人間"としての立場から育成される－ものと信じます。

　　全人的教育を目標とする「養護・訓練」の基本理念も，帰するところはこのリハビリテーションのそれと全く共通であり，またそうあらねばならぬものと信じます。こうした意味からも，障害児の教育の中に「養護・訓練」が導入されたことは積極的な意欲・姿勢の現れと解され，高く評価し，またその将来に期待申し上げるものの一人です。ただ，文部省や教育関係者が，明治以来の長い伝統に根ざす「学校教育」の体制の枠にとらわれ，そのためせっかくの「養護・訓練」の積極的な意図が十分生かしきれないでいるように私には思われるのです。もちろん，この体制から抜け出すことが容易でないことは私といえども重々承知しているのですが，新しい酒は新しい壺に盛るのと同様，この際伝統にとらわれずに，「養護・訓練」の根本精神を積極的に生かすよう，新しい道を果敢に切り開いていってもらいたいものです。(p.25)

　小池は，肢体不自由児が成長していく過程で必要なリハビリテーションを，時期を逃がさずに，十分に受けることができることと教育が，協調的なチームワークで実施されることを願っていた。

　成瀬（1974：18号）は，これまでに小池から指摘された点について，見解の相違を示し，また，動作訓練は，脳性まひ児に限って適応されると述べた。

　20号で紹介された現場の教師の意見は，教育とは立場の異なる両者の主張を冷静に受け止めていた。しかし，教師にとっては，目前の子ども

への指導の助言となる動作訓練の方が明確であるという意見も紹介された（福岡孝之，1974：上田信一，1974）。

この誌上討論によって，動作訓練という脳性まひ児に対するアプローチ法が示されたことで，現場の教師が指導意欲を高め（福岡），多くの教師を動作訓練へと誘導できたことは確かである。

川間健之介（2013）は，成瀬・小池論争に対して次のような見解を示している。「心理・教育的アプローチと医療的なアプローチの区別を明確にし，それまで常に医療の影響下にあった肢体不自由児教育が教育固有の目的のために歩むことを可能とした。が一方で，教育と医療の溝は広がり，両者の連携が停滞することに繋がっていく。」（p.2）しかし，教育と医療の溝の深まりについては，これとは別に注目したい小池（1977）に対する村田（1978）の主張がある。

小池は，養護学校教育義務制実施を前にチームアプローチ導入の検討を再度提起した。それは，単独養護学校を例にして述べられた。すべての肢体不自由児は，毎日，昼間の大半を養護学校において過ごすことになる。そうなると，医学的リハビリテーションを受ける機会はどうなるのかということであった。通学することによって，医学的リハビリテーションの機会を失うことは，大きな問題である。「それぞれの専門領域の壁を乗り越えて，この問題を真剣に考究し，善処しなくてはならないと考える。」（p.60）とし，関係者が虚心に論じ合うことが，肢体不自由児の幸福につながると信じると述べた。

しかし，昭和46（1971）学習指導要領および同解説書を編纂した村田は，「学校現場に無用の混乱を招くことになると危惧するのは，筆者一人ではない」（p.44）と小池の主張を縷々斥け，養護・訓練は，医学的リハビリテーションとの関連はありながらも独自の教育活動であり，昭和38（1963）学習指導要領の機能訓練こそ，教育活動の独自性が希薄であり，その方針や体制こそ曖昧であったと主張した。

その主張では，養護・訓練は，機能訓練と異なり，全人的な観点に立って幅広い内容から成り立っている，機能訓練は，医学的リハビリテーションと重なり合う部分が多い，動作訓練は医学的リハビリテーションの概念に含まれず養護・訓練の時間の指導の方法として受け入れやすいと述べている。

しかし，昭和40（1965）解説の肢体不自由教育のねらい（pp.8-10）には，養護・訓練の観点と同様の内容が示され，機能訓練の指導では「障害児を全人的にとらえることを忘れてはならない」（p.76）とも明記されている。養護・訓練で示された内容は，むしろ，単一の肢体不自由児に対して，教育活動全体の中で取り組むことが目指されていた。機能訓練の基盤には教育原理も認められる。

　山形大学教育学部の武田洋（1978）は，肢体不自由教育では，当然運動機能の向上が取り上げられるべき内容であるとし，脳性まひ児の指導では「いろいろな障害が独立してこの子供の行動を阻害するように機能していない」（p.56）以上，四つの領域を複合的に取り上げる必要があり，動機づけや興味などを大切にするという，従来教育学において指摘されてきた指導原理による教育活動であると述べる。

　リハビリテーションにおける動機づけの必要性をいち早く認識したのが，柏倉松蔵であり，病院風にではなく学校風に取り組まれた柏学園において，全人的な教育実践は成果を収めている。

　教育と医療の溝が広がったのは，成瀬・小池論争そのものよりも，村田の小池に対する「学校現場に無用の混乱を招く」という批判と，機能訓練の教育的活動の否定，動作訓練の奨励であったと思われる。その根底には，肢体不自由教育の成立過程やその本質よりも，学校のことは学校が，教育のことは文部省が，という教育行政特有の志向があるように思えてならない。肢体不自由教育が拡充する中で，医療との連携よりも教育行政の独自性，専門性を確立しようとしたといえる。小池は，欧米の例を挙げているが，今後必要になる我が国なりの，専門家によるチームアプローチを提案しているにすぎないと筆者には思われる。

5．養護・訓練に対する批判

　医師で静岡療護園長の望月達夫（1974）は，全国的な養護・訓練の実情とこれに対する校医の考え方を調査し報告している。

　肢体不自由児の中でも特に脳性まひ児は，早期治療が徹底して行われていても，学齢前に治療が完了するものではなく，就学後の手術や訓練等の治療が必要であるが，その内容や量は個々に異なる。

　望月は，単独養護学校に在籍する高度の訓練が必要な者には，校医が

信頼できるセラピストをおき，濃厚な訓練を実施できるよう訓練のイニシアチブは，治療サイドにおきたいという意見を示した。

一方，治療が必要な者を学校にやってはいけないという意見を紹介し，併設養護学校では，高度の訓練は施設で，学校では校医の指示による応用にとどめるべきという考えが多いとした。この背景には，養護・訓練の指導を障害治療の上で，校医は重大なものと捉えていること，指示しても全然守られない等，教師の独走に危惧を感じていることを示すとした。

教師の独走や暴走は，現場ではあり得る。これを軌道修正する機能が校内体制にない限り，児童生徒には不利益が生じる。これが，担任によるものである場合，一年は続くので事態は深刻になる。

また，望月は，学校で取り組まれていた動作訓練については，共に学ぶ姿勢がある校医もいると紹介しているが，動作訓練よる偶発症として，骨折，腱断裂，筋肉痛，不眠，筋緊張異常亢進，自律神経失調等の発生が5校で認められ，原因の特定はできないが死亡例もあったことも報告している。そして，診療を選ぶ自由が患者にはあるが，通学する子どもたちには，義務教育である養護・訓練を拒否する自由はないことを指摘し，養護・訓練の指導に関わる問題は大きいと警鐘を鳴らした。

五味（1977）は，「医療と教育の協力が重要であることは，万々周知の点であるが，現実に一人の子どもに対して理想的なサービスを与えることがなかなか容易ではない」(p.2) と，医療と教育が車の両輪のように機能していないと述べている。また，養護・訓練の4つの柱を本当に理解して実際にやっていくことは，「もう大変なことでして，たとえて言えば神さまでないとできない仕事ではないか」（五味・立川，1988，p.10）と疑問を投げかけている。

教育の立場からも批判はあった。高岡市立こまどり養護学校長の鈴木邦雄（1976）は，成瀬・小池論争を踏まえ，医療を中心とした考えの否定に対する疑問を投げかけた。脳性まひ児について「学校において障害を治すことは実際上不可能で，これは医療法に基づいて施行すべきが筋である。（略）単に養護・訓練，主として動作訓練のみで解決できるものではない。CP（筆者注：脳性まひ）児個々のすべてにかかわりあいのある人々が，力を出し合って一人のCP児を指導していかなければならないが，このことは，チームアプローチがいかに大切であるかを物語

る何物でもない。」（p.61）と主張した。

　早瀬（1980）は、昭和48（1973）年の春に現役を退いて以来、もっぱら不就学児に対する訪問教育指導に関係していたが、「動作訓練が喧伝されて以来、教育と医学の協力に水をさす態勢ができ、このたびの学習指導要領で一層拍車をかけた結果になるのではないかとおそれている。とくに重度であればあるほど教育対象であると同時に医学の対象でもある。医学の協力を忘れて重度・重複障害児教育は至難であるとさえ私は思っている」（p.3）と問題を提起した。

　動作訓練については、変化もあった。早くから機能訓練の指導に取り入れていた立川は、のちに動作訓練から離れ、静的弛緩誘導法を案出した。静的弛緩誘導法研究創刊号で、整形外科医の高橋純（1986）は、動作訓練に批判的な立場であることを隠していないとしながら、次のように立川に協力した理由を明かしている。「元来は、心理学的な立場から出発した動作訓練法を、医学的知識の目を通して見直し、一つ一つの筋肉とその作用についての正確な知識を基礎とした、脳性まひ児の綿密な観察から、合理的なアプローチを試みようとする、その姿勢に同感するからです。」（p.3）そして、立川の責任感と厳しさ、障害児に対する並々ならぬ愛情も共通の理想に向かって共に手を携えて進む理由であると立川の人柄にふれている。

　小池（1973a）もかつて、「端的にいって、『養護・訓練』が本来意図する目的をじゅうぶんに達成するかどうかは、必竟は『人』の問題に帰着すると考える。」（p.2）と、養護・訓練の指導を担当する教師をいかに養成するかという問題をあげている。

　小池は、昭和58（1983）年70歳で逝去したが、戦前戦後を通して、医療、福祉、教育に携わり、国連フェローに選出されて以後、国際的な活動も長かった。水野祥太郎（1983）は、「海外における信用度は余人をもってしては、容易に換えることのできないものでさえあった。（略）その間、ずっと、日本のリハビリテーションの中心にいて、しかも、人を押しのけるそぶりなどまったくないままに、十分に国際的でありながら、いわば裏方の仕事を黙々とやりつづけて、倦むことがなかった稀有の人である。君こそは、建設と育成の時代に、なくてはならない人であり、良くそれを果たされたのであった。」（p.767）と追悼の言葉を述べ

ている。小池の人柄が偲ばれる。

　小池のチームアプローチ，医療の専門職と教育者の協働の新しい形は構想されなかったが，昭和48（1973）年には，特殊教育教員資格認定試験によって養護・訓練教諭資格取得ができる免許制度が用意された。しかし，その専門性の捉え方では課題が残った。

6. 養護学校教育義務制実施への動き

　昭和48（1973）年11月16日の各新聞は，一斉に昭和54（1979）年度から養護学校教育義務制が施行されることを報じた。

　文部省は，昭和47（1972）年度から7カ年計画で養護学校を243校増設する計画に着手し，計画が終了する昭和54（1979）年度には全ての児童を受け入れることができるという見通しで，養護学校教育義務制実施を発表している。これは記者発表が先行し，文部省初等中等教育局特殊教育課の職員は，報道でこの決定を知った。

　養護学校の義務化が先送りされ続けた理由について，文部省は，次の理由を挙げた（細村迪夫，1992）。

　① 親が肢体の不自由な子を外に出したがらない等，保護者や社会の養護学校教育に対する理解が不足していた。
　② 養護学校の整備の立ち遅れ。
　③ 心身障害児の判定基準の不備。
　④ 心身障害児の調査が不十分であった。

　この時期，我が国は戦後の復興を遂げ，これまでにない生活水準に達していた。障害のある子どもへの関心も社会に芽生え，保護者は，学校教育を受けさせたいと強く希望するようになった。

　このあと，オイルショックが訪れ，我が国も不況に陥った。その結果，高度経済成長が終わりを告げ，当時，田中角栄首相が唱えた「福祉元年」の2年目はこなかった。養護学校教育義務制実施がこれより先に発表されたことは，幸運であった。しかし，昭和47（1972）年に始まった養護学校の設置促進計画は，順調に運んだとはいえず，翌年，高校進学率が90％になると高校の整備が優先され，遅れることもあった。

　昭和50（1975）年3月には，「重度・重複障害児に対する学校教育のあり方について」が報告された。細村（1992）は，以下の四点をポイン

トとしてあげている。
　①「重度・重複障害児」という用語の登場。
　② 学校教育の対象に下限はないことを示したこと。
　③ 就学猶予・免除規定の慎重な運用を求めたこと。
　④ 就学指導体制の整備を提言したこと。
②の「学校教育の対象に下限はない」は，次のように示された。

　　心身障害児に対する教育は，その者の障害がいかに重度であり重
　　複している場合であろうとも，もとより教育基本法に掲げる目的
　　の達成を目指して行われるべきものであって，そのために不断の
　　努力が払われなければならない。

　そして，一人一人の実態に応じて発達を促し，その能力を十分に伸ば
すことが学校教育の役割であることも示された。
　こうして，全ての肢体不自由児の就学の準備が進められ，昭和53
（1978）年の教育上特別な取り扱いを要する児童生徒の教育措置では
「訪問教育の概要（試案)」が示された。
　訪問教育は，戦後の混乱期に学校教育法の作成を急ぐ中で，米国から
来日したヘファナン女史の助言があり位置づいたものである。当時，ヘ
ファナン女史の文章を直訳して挿入し，のちの条文整理で現行の表現と
なった。日本ばなれした全く珍しいものといえる（坂元彦太郎, 1955)。
　この後，同年８月には「軽度心身障害児に対する学校教育のあり方」
が示され，肢体不自由特殊学級における指導と，通常の学級における指
導が指導形態としてあげられた。通常の学級の指導においては，留意
による指導のほかに，通級または巡回による指導が提言された。また，増
加する重度・重複障害児への対応では，現職教師の研修も進められた。
　しかし，養護学校教育義務制実施については，猛烈な反対運動もあっ
た。日本脳性マヒ者協会全国青い芝の会総連合会は，昭和51（1976）年
12月７日付の永井道雄文部大臣に対する申し入れ書によって陳情活動を
始めた。昭和52（1977）年１月には，文部省担当者と初回の話し合いが
もたれた。続いて全国障害者開放運動連絡会議も同様の趣旨の申し入れ
書を提出し，同年４月から話し合いが始まった。両団体とも社会の差別

意識は，区別すること，教育を通常の教育と養護学校に分けることから始まると主張し，障害のある子どもにも校区の学校での教育等を保障するよう求めた。

　　私たちの青い芝の会に集まる多くの兄弟たちは学校教育に全く
　無縁であったか，障害者用の学校つまり養護学校を通過したもの
　ばかりです。地域や校区の子どもたちと切り離され，すぐ近くに
　学校があるにもかかわらず遠くの辺ぴな養護学校にバスで運ばれ，
　名ばかりの教育を消化させられてきた私たちが現実の社会に放
　り出されたとき，私たちを待っているのは絶望の二文字だけです。
　人間にとって一番重要な成長の時期を社会から切り離しておきな
　がら学校期間が過ぎれば「さあ，健常者とうまくやって生活する
　んだよ。」と放り出すのです。これではカメに乗って帰ってきた
　浦島太郎そのものです。(細村，1992，pp.130-131)

　この申し入れ書の主張は，文部省で対応にあたった細村を納得させる
内容ではあったが，動き出した養護学校教育義務制実施の準備を止める
ことはできなかった。細村(1992)は，養護学校のデメリットを指摘され
た思いで反論できず，「文部省としては今後，交流教育を積極的に推進
します。」(p.131)としかいえなかったと記し，次のようにも述べている。

　　私は，この反対運動に対処しながら，何度か「養護学校の義務
　制が昭和四十年代に実施されていたら，反対運動など起こらなか
　ったろうに。」とか，「昭和四十年代の特殊教育行政担当者は反対
　運動など夢にも思わなかったであろう。」と思ったりした。また，
　障害者の人たちとの話し合いを通して「ノーマライゼーション
　の思想が日本にも広がっているな。」と実感した。思えば，昭和
　二十二年の学校教育法によって養護学校教育義務制が規定されて
　から，実施されるまでの三十余年という期間が，あまりにも長す
　ぎたのである。(p.131)

　この反対運動は，義務制実施の直前まで続いた。マスコミに取り上げ

られたことで世間の関心を集めた。分離教育の体験から反対運動を行った障害者団体には納得できない結果となったが，多くの人々に，障害児をめぐる時代が変わりつつあることを感じさせたのも事実であろう。

7. 昭和54（1979）学習指導要領

　改訂の基本方針は，四つあった。①小学校，中学校の教育課程の基準の改訂に準じることでは，指導内容の精選，総授業時間数の削減等が行われた。②教育課程のより一層の弾力的な編成への配慮では，精神薄弱を併せ有する重複障害者については，精神薄弱養護学校の各教科の履修を可能とし，脳性まひ等の児童及び生徒に係る各教科についての特例は除かれた。いわゆる訪問教育の教育課程について，弾力的な編成ができるように示された。③養護学校教育義務制実施と特殊教育をめぐる社会情勢の変化への対応では，小学校，中学校の児童生徒や地域社会の人々との交流，分校や分教室のある児童福祉施設及び医療機関との連携が示された（肢体不自由教育では従前にも記載）。そして，④学習指導要領は，特殊教育諸学校（盲学校，聾学校，養護学校）共通で編成され，教育目標，養護・訓練の内容も共通で示された。

　従前の総則には，教育目標，教育課程一般，道徳教育，養護・訓練，体育が示されたが，今回，道徳教育，養護・訓練，体育は除かれ教育課程一般に含められた。

　大阪教育大学の猪岡武（1979）は，従来に増して弾力性のある教育課程の編成が目指されたことで，教師の自主的な判断の必要性や教師に求められる能力が一層高くなったことは間違いないと述べる。

　また，山形県立上山養護学校教諭の東海林ふじ子（1979）は，訪問教育に示された「実情に応じた授業時数を適切に」は，しかるべき措置であるが，週に1時間しか授業を受けられない子どもがいることをあげ，教師の実情が優先されることの危険性を指摘している。

　養護・訓練の目標では，「障害の改善」という表記が，「障害の状態の改善」に改められた。これについては，心身の障害そのものを取り扱うのが医療で，児童生徒の発達の促進を企図する養護・訓練との相違が認識できるはずであると説明されている。これまでの養護・訓練への批判を踏まえ，教育の独自性を強調した箇所になる。

養護・訓練の内容は，従前と変更はない。心身の適応では，重複障害者の指導について，健康状態の回復及び改善に関する内容を特に考慮することが新たに示され，生命の維持に間接的にでもかかわる内容の指導は，医師等との密接な連携を保つことが明記された。運動機能の向上では，従前と同様に，自主的，積極的に取り組む「動作の学習」として捉えるとされている。また，「変形や拘縮の予防を図る訓練に際しては，特に専門医の助言や指導を必要とすることがあるので，医師の協力を考慮する必要がある。」と新たに示された。意思の伝達では，従前に示された，「スピーチセラピィ，動作訓練，弛緩訓練等の技法が大きな意義を持つ」という一文は除かれた。

養護・訓練の時間の指導については，従来，専門的知識・技能を有する教師が行うことが原則とされていたが，今回よりその教師が中心となって指導することに改められた。

> 養護・訓練の時間の指導は，専門的な知識や技能を有する教師が
> 中心となって担当し，全教師の協力のもとに，効果的な指導を行
> うようにするものとする。(p.156)

これは，他の特殊教育諸学校に合わせたもので，障害の重度・重複化により養護・訓練の指導の比重がより一層高まっていることの反映であると説明されているが，肢体不自由教育の独自性は外されている。また，「養護・訓練の指導原理が，改訂前学習指導要領作成の際に想定した以上に，今日では学校の教育活動全体を通じての一般的な指導原理として要求されつつある。この意味で，養護・訓練の指導原理は，肢体不自由養護学校の全ての教師にとって身につけるべき必須の指導原理であると考えられる。」(p.131) と述べられ，養護・訓練の指導を一層強調し，普遍化しようとしていることにも注目しておきたい。そのためには，手立てが必要になってくるが，具体的なものは示されなかった。

松本嘉一（1979）は，「定義だけでは大差ないのですが，現に専門的な核となる教師がいなかったり，希薄な学校が相当数あることを考えると，それがそのまま放置されないか憂えます。」(p.30) と，専門的な知識や技能を有する教師の確保に依然として課題があることを指摘してい

る。先の東海林もまた，養護・訓練では，現場の状況や諸問題を何ら考慮していない改訂であると述べ，指導法等を各現場に任せる方針は，担当者に客観的，正確な実態把握力等があることが前提ではないかと教師の資質を問題に憂慮している。

医師等専門家からの指導・助言は，「児童又は生徒の心身の障害の状態等により，必要に応じて，専門の医師及びその他の専門家の指導・助言を求め，適切な指導ができるようにするものとする。」（p.157）と，「等」が追加された。昭和58（1983）解説では，「教育活動としての養護・訓練の指導に関して，指導計画の作成及びその実際指導は，言うまでもなく教師が行うことになる。」（p.157）と昭和46（1971）学習指導要領への批判を意識した表現となっている。そのうえで，「…時には，教師以外の専門家の指導，助言が必要となることもある。」（p.157）と示された。実態把握に関わる身体状況の判断は，医師の指導，助言が重要であると示されもしたが，「時には」という消極的な表現になっている。また，「専門家からの指導，助言を求める必要性の判断は，当然，養護・訓練の時間の指導を担当する専門教師の専門性いかんに負うところが大きい。そのような意味から，養護・訓練担当教師は，自己の狭い専門領域だけに閉じこもるような態度は厳に慎むべきであり，広く養護・訓練に関連のある諸科学の知識を吸収するべくその努力を怠らないようにしなければならない。」（p.157）と示された。専門家からの指導，助言を求める必要性の判断は，最終的には校長であろうが，このように養護・訓練の時間の指導を担当する教師の専門性次第であるとされると，その人選も重要となる。しかし，職場の人事が複数の要因で決定されることを考えると，必ずしも最適な人選にならず，松本の指摘のように人材確保が難しいという課題も生じる。養護・訓練の時間の指導を担当する専門教師の専門性については，示されなかった。

8．対象観

昭和54（1979）学習指導要領は，昭和46（1971）学習指導要領を踏襲し，養護・訓練の課題や批判を受け入れて対応したものではなく，むしろ対抗した内容で，教育の独自性を確立したといえる。

早瀬（1980）は，前述したようにこの学習指導要領を痛烈に批判して

いる。「義務制実施に続いて示されたこの度の学習指導要領に，私は非常な期待をかけていたのだが，全く裏切られた思いがしたし，現実に増加しつつある重度・重複障害児をかかえ，深刻な悩みを感じている養護学校に対して，適切な指針になるとは思えない。」（p.3）と結んでいる。

　早瀬が指摘する医療離れの傾向は，この学指導要領に明白にあらわれている。就学者の重度・重複化を踏まえた内容であることは評価できるが，早瀬の指摘するように，もし，校内体制が十分ではなく，学習指導要領にその答えを求めようとした場合，現場の拠りどころになる内容とはなっていない。

　このような昭和46（1971）・昭和54（1979）学習指導要領の対象観は，「いかに障害が重度であり重複していようと，教育的な働きかけによって動作の獲得が可能になりうる子ども」であるといえる。

9．医療から教育への提言

　北九州市立総合療育センター所長の高松鶴吉（1982）は，肢体不自由児の実態の変化について，軽症児は地域の小学校に通うようになったと述べる。また重症児は，以前，肢体不自由児施設に入ることだけが救いだったが，家庭や地域で，できるだけ普通の子どもとして育てたい，障害を軽減したいという親の願いがでてきたと述べる。そして，「肢体不自由養護学校は，私たちと同じ児童を対象としています。」（p.11），という大前提を確認したうえで，「教育が主体性をもって医療をとりこむ，自らの教育使命のために積極的に医療を従える，という考えがもっと前面に出てきてもいいように思います。」と第6回日本肢体不自由教育研究大会の基調講演で提起した。

　この講演では，東京学芸大学教授の山口薫が，抜本的な法改正をしなくとも教師，医師等の専門職のチームという新しい教育システムの構築が可能であるとしていること，また，米国では，普通校の中に肢体不自由養護学校が存在したり，教育委員会の管轄下に重症児の通園施設のような教育と医療の協働チームによる指導が行われている学校が存在したりすることがあげられた。また，我が国では，幼稚園，小学校に通うと歩行や手指，言語の訓練の場がない子どもが多数いるとして，養護学校がこのような子どもを受け入れて訓練を指導すると，今日の閉塞的状況

はかなり好転するのではないとも述べた。

　東京都立北療育医療センターの坂根清三郎（1985）は，第9回日本肢体不自由教育研究大会で，脳性まひ児に対する早期松葉杖訓練法（以下，LS-CC法という）について，阪本守，五十嵐康博，湯沢広美らと共に研究発表を行い，以下のように提言した。LS-CC法は，整形外科医高橋純（1983）が，編著『脳性まひ児の発達と指導』の中で紹介する理学療法士である坂根らが案出した方法である。

　　　これは，肢体不自由養護学校関係者に対するお願いである。
　　最近養護学校でも松葉杖に対する理解が深まり，実用化していない当園退園児の松葉杖歩行を継続してくれる学校も増えているが，基本ができていない。パターンが悪い等々の理由で中断する場合も多いのが現状である。中枢神経学的意義，精神的意義，運動発達的意義等を考慮され，松葉杖歩行訓練にも深い理解をいただきたいのである。（pp.41-42）

　この大会の会長である三浦和（1985）は，「国際障害者年から5年，障害者に関する施策の折り返しの年である今日，幅広い教育論議の渦中にあって，障害児教育の内容そのものも厳密な形で問われている。子どもの力を伸ばし切っているのかという問いと反省を継続して，執拗なまでに中味そのものを追求していくことこそ，本研究会の使命であろう」（p.2）と述べている。坂根らのLS-CC法は，「啓発的研究を来年度もお願いしたい」と第10回記念大会参加を要請された。坂根らが，学校教育の大会で発表した理由は，学校の担当者の「姿勢がよくない」という判断によって，松葉杖で歩くことを禁止され，車椅子生活に逆戻りしてしまう子どもたちが多かったからである。日中の大半を過ごす学校で，何を学べるかは子どもや保護者にとっては，切実な問題である。幼児期から歩行訓練に取り組んできた子どもや保護者にとって，学校の判断は，残念なことであるが，受け入れるしかない一面もある。

　次の第10回記念大会で，坂根ら（1986）は，特別発表としてLS-CC法が単に歩行能力の獲得を目的としているのではなく，重度児を対象として座位，四つ這い等を目標とする場合にも有効であることを示し，

「教育研究奨励賞」を受賞した。発表論文には，愛知県立豊橋養護学校の大林貞，大濱憲彦等のグループが，従来から行っている動作訓練や静的弛緩誘導法とLS-CC法を巧みに組み合わせて，かなりの成果を上げていることが付記されている。

坂根・日下部幸二（1987）は，第11回日本肢体不自由研究大会でアテトーゼ型脳性まひ児への指導を報告し，再び，次のように提言した。

　　　これは教師の皆さんに対するお願いである。当センターを学齢に達して退院すれば当然養護学校等にお世話になるわけであるが，児童の中には松葉杖歩行がいまだ実用に至らない場合も少なくない。学校にも様々な事情があると思われるが，これらの児童に歩くチャンスを与えて頂きたいのである。例えば，教室から訓練室への移動の際，今日，時間内に到着できない子でも，それを毎日継続することによって来年には，できるようになっているかもしれない大きな可能性を持っているのだから。(p.33)

坂根は理学療法士であるが，この提言は非常に教育的な視点である。一方，坂根は，筑波大学附属桐が丘養護学校に入学した卒園児十数名について，松葉杖訓練を継続しながら，動作訓練や静的弛緩誘導法を実施することによって，上達していることが多いことも報告し，謝意を表している。

重複障害児教育について，高松鶴吉（1986）は，肢体不自由養護学校でのかかわりを次のように記している。

　　　久しぶりに見た教室は異常に感じられた。子どもの大半は，じゅうたんに横たわり動きもなく笑い声も聞かれない。あまりにも静かなのである。教師ももちろん悩んでいたのだが，その悩みは解決に向かえず漂っているように見えた。「二次元の静かな教室から三次元の動きのある教室へしようではないか」そんなテーマを提案し，賛成を得てみんなで考えることになった。(略) 努力の余地は，まだ残っていたのだ。この子らの可能性を信じよう。だがそうは言うものの，これは一つの成功に過ぎない。心身とも

に反応をしめしてくれぬ子もいるし，全部の子どもが自力移動の
　　機会を得たわけではない。(pp.2-3)

　医師の高松から教師らへの働きかけは，教師の意欲を引き出し，抗重
力における子どもたちの動きを引き出した。それは，「先生初めてこの子
が私の手を離れて自分で移動します。」，「先生初めてこの子に靴を買っ
てやりました。」という保護者の声となり返ってきた。また，「運動だけ
じゃなく，全体的に生き生きしてきました」と喜ぶ教師の姿もみられる
ようになった。
　肢体不自由児にとって，動きを引き出す指導や歩行訓練は，感覚機能
を高め，心理的な変化を生み，全人的に育つ基礎となる。体が不自由で
あればあるほど，動きを引き出すことは重要になってくる。しかし，医
学的リハビリテーションとの重なりもある。さらに，動きのない重複障
害児に対する三次元の指導は，経験のない教師にとっては，チャレンジ
である。その指導において，医師に背中を押してもらえる関係性があり，
教師がそれを受け入れたことが，本人の変容や保護者の喜びにつながっ
た。この教師たちは，高松と一緒にこの指導を経験したことで，同様の
実態である別の児童生徒に指導を広げていく力をつけた。教師の専門性
は，こうして獲得されるものである。

文　献

福 岡 孝 之(1974) 成瀬先生の理論に共感　肢体不自由教育20　日本肢体不
　　自由児協会　pp.53-54
五 味 重 春(1977) 医療と教育の統合を願って　肢体不自由教育32　日本肢
　　体不自由児協会　pp.2-3
五 味 重 春，立 川　博(1988)肢体不自由教育の今日的課題　静的弛緩誘導
　　法研究会
橋 本 重 治(1970) 今後に期待する　肢体不自由教育　創刊号　日本肢体不自
　　由児協会　pp.2-3
早 瀬 俊 夫(1970) 不備だらけの脳性マヒ教育　肢体不自由教育3　日本肢体
　　不自由児協会　pp.2-3
早 瀬 俊 夫(1980) 肢体不自由教育はこれでよいのか　肢体不自由教育46
　　日本肢体不自由児協会　pp.2-3

細 村 迪 夫（1974）養護・訓練と教師－肢体不自由教育を中心として　肢体不自由教育 20　日本肢体不自由児協会　pp.14 - 17

細 村 迪 夫（1992）五，養護学校教育義務制　Ⅱ特殊教育振興施策をめぐって　肢体不自由教育史料研究会編　pp.119 - 131

池 田　　親（1970）これからの肢体不自由教育　肢体不自由教育創刊号　日本肢体不自由児協会　pp.4 - 9

猪 岡　　武（1979）改訂学習指導要領を読んで　肢体不自由教育 41　日本肢体不自由児協会　p.25

川間健之介（2013）医療との連携　本研究会の役割　日本重複障害教育研究会　Web　http://jmer.org/opinion/kawama-20120101.pdf（2017 年 8 月 1 日閲覧）

小 池 文 英（1970）医療と教育の結びつき　肢体不自由教育 4　日本肢体不自由児協会　pp.4 - 7

小 池 文 英（1973a）養護・訓練について　肢体不自由教育 14　日本肢体不自由児協会　pp.2 - 3

小 池 文 英（1973b）動作訓練に対する疑問と提言－養護・訓練と関連して　肢体不自由教育 16　日本肢体不自由児協会　pp.52 - 63

小 池 文 英（1973c）成瀬教授にこたえる　肢体不自由教育 17　日本肢体不自由児協会　pp.16 - 25

小 池 文 英（1977）肢体不自由教育と医学的リハビリテーション　肢体不自由教育 33　日本肢体不自由児協会　pp.59 - 60

松 本 和 子（1971）機能訓練からみた新学習指導要領の問題点　新学習指導要領によせて　肢体不自由教育 6　日本肢体不自由児協会　pp.28 - 30

松 本 嘉 一（1979）学習指導要領の改訂に思う　肢体不自由教育 41　日本肢体不自由児協会　pp.30 - 31

三 浦　　和（1985）第九回大会の成果　肢体不自由教育 73　日本肢体不自由児協会　p.2 - 3

水野祥太朗（1983）小池文英君をしのんで　総合リハビリテーション 11 - 9　pp.766 - 767

望 月 達 夫（1974）校医のみた養護・訓練への疑問　肢体不自由教育 20　日本肢体不自由児協会　pp.4 - 10

文　部　省（1958）肢体不自由児教育の手びき（上）　日本肢体不自由児協会

文　部　省（1965）昭和 40（1965）解説

文　部　省（1967）機能訓練の手びき－肢体不自由教育のために－　日本肢体不自由児協会

文　部　省（1969）脳性マヒ児の理解と指導－入門期における指導のために－　日本肢体不自由児協会

文　部　省（1971）昭和 46（1971）学習指導要領

文 部 省 (1974) 昭和 49 (1974) 解説

文 部 省 (1978) 訪問教育の概要 (試案)「特殊教育」第 21 号

文 部 省 (1979) 昭和 54 (1979) 学習指導要領

文 部 省 (1983) 昭和 58 (1983) 解説

村 田 茂 (1978) 養護・訓練をめぐる見解の相違 肢体不自由教育 34 日本肢体不自由児協会 pp.43‐50

成 瀬 悟 策 (1973a) 養護・訓練への提言 肢体不自由教育 14 日本肢体不自由児協会 pp.4‐11

成 瀬 悟 策 (1973b) 小池博士にこたえる 肢体不自由教育 17 日本肢体不自由児協会 pp.5‐15

成 瀬 悟 策 (1974) 重ねて小池先生にこたえる 肢体不自由教育 18 日本肢体不自由児協会 pp.57‐62

名取美代子 (1970) 入門期指導の実践記録 肢体不自由教育 3 日本肢体不自由児協会 pp.14‐18

日本肢体不自由教育研究会編集委員会 (1974) 成瀬・小池両博士の誌上討論を振り返って 肢体不自由教育 20 日本肢体不自由児協会 pp.57‐60

小 野 勲 (1970) この教育を開拓する 肢体不自由教育 2 日本肢体不自由児協会 pp.2‐3

大 野 清 志 (1973) 養護・訓練の問題点 肢体不自由教育 14 日本肢体不自由児協会 pp.33‐35

坂元彦太郎 (1955) 学校教育法成立の前後 日本特殊教育研究連盟編 児童心理と精神衛生 第 5 巻第 4 号 山内太郎編 (1972) 学校制度‐戦後日本の教育改革 5 pp.420‐425

坂根清三郎・坂 本 守・五十嵐康博・湯 沢 広 美 (1985) 痙直型型脳性マヒ児に対する松葉杖訓練 (LS‐CC 法) の二経験について 肢体不自由教育 73 日本肢体不自由児協会 pp.40‐42

坂根清三郎・五十嵐康博・坂 本 守・湯 沢 広 美 (1986) 重度アテトーゼ型脳性マヒ児に対する早期松葉杖訓練 (LS‐CC 法) の二経験について 肢体不自由教育 78 日本肢体不自由児協会 pp.51‐55

坂根清三郎・日下部幸二 (1987) 松葉杖訓練を行った例と行わなかった例の歩行能力獲得の経過について 肢体不自由教育 83 日本肢体不自由児協会 pp.30‐33

東海林ふじ子 (1979) 新学習指導要領をみて 肢体不自由教育 41 日本肢体不自由児協会 p.24

鈴 木 邦 雄 (1976) 施設・学校における機能訓練の問題点 肢体不自由教育 27 日本肢体不自由児協会 pp.56‐62

高 橋 純 (編) (1983) 脳性まひ児の発達と指導 福村出版

高 橋　　純（1986）静的弛緩誘導法研究会の発足に寄せる　静的弛緩誘導法研究創刊号　静的弛緩誘導法研究会　pp.3‐4

高 松 鶴 吉（1982）肢体不自由教育を斬る　肢体不自由教育58　日本肢体不自由児協会　pp.10‐13

高 松 鶴 吉（1986）重複障害児教育について思う　肢体不自由教育75　日本肢体不自由児協会　pp.2‐3

立 川　　博（2003）教育としての静的弛緩誘導法　お茶の水書房　pp.44‐46

武 田　　洋（1978）肢体不自由教育の現状　肢体不自由教育35　日本肢体不自由児協会　pp.50‐58

上 田 信 一（1971）新指導要領をみて－機能訓練の立場から－　新学習指導要領によせて　肢体不自由教育6　日本肢体不自由児協会　pp.38‐40

上 田 信 一（1974）家元制度的研修を排し，現場の努力で有効な展開を　肢体不自由教育20　日本肢体不自由児協会　p.55

山 本 智 子（2014）肢体不自由児の教育の在り方に関する一考察　皇學館大学紀要第52輯　pp.105‐120

第4章　平成の学習指導要領

　昭和には，以下の三つの学習指導要領が示された。

- 肢体不自由教育独自の昭和38（1963）学習指導要領
- 養護学校（知的障害，病弱教育，肢体不自由）共通の昭和46（1971）学習指導要領
- 養護学校教育義務制実施をふまえ特殊教育諸学校共通で制定された昭和54（1979）学習指導要領

　その後もほぼ10年毎に小学校，中学校，高等学校に準じて改訂が行われ，平成には，以下の学習指導要領が示された。また，戦後に制度化された特殊教育は，平成19（2007）年には，特別支援教育へ移行され，学習指導要領もそれに伴って見直された。

① 平成元（1989）学習指導要領　　② 平成11（1999）学習指導要領
③ 平成15（2003）学習指導要領　　④ 平成21（2009）学習指導要領
⑤ 平成29（2017）学習指導要領

　このうち，③平成15（2003）学習指導要領は，平成11（1999）年３月に示された②平成11（1999）学習指導要領のねらいを一層実現し，より定着できるよう一部改正されたものである。また，平成29（2017）学習指導要領は，令和２年度（小学部）から順に全面実施されているもので，平成の教育に関わる学習指導要領を対象とする本章では，①平成元（1989）学習指導要領，②平成11（1999）学習指導要領，④平成21（2009）学習指導要領をとりあげる。

1．平成元（1989）学習指導要領

　平成元（1989）学習指導要領は，障害者を取り巻く社会環境の変化，幼児児童生徒の心身の障害の多様化に対応することを踏まえ，障害の状態や能力・適性等に応じる教育を一層進めて，可能な限り積極的に社会参加・自立する人間の育成を図ることを基本的なねらいとして改訂された。これにより，幼稚園教育要領を準用していた幼稚部に，新たに幼稚部教育要領が作成され，小学部低学年には，小学校と同様に新教科の生活科が設定された。精神薄弱養護学校小学部の各教科を３段階に分けて

示し，その他の障害種の各教科は，3～6項目ずつ指導上の配慮事項を示すように見直された。

　また，教育課程編成の主体は，各学校にあり，それぞれの学校が創意工夫を生かし，責任をもって編成することが示された。そして，指導方法の工夫を一層促すため，授業の1単位時間を一定の条件の下に，分割，統合，組み合わせることを可能とし，各学校の裁量の余地を広げる弾力的な運用が示された。

　養護・訓練の内容は，これまでの実践をふまえ，具体的な指導の観点がより明確になるように工夫された。以下のように，五つの柱のもとに18の項目が示された。

1　身体の健康
　(1)生活のリズムや生活習慣の形成に関すること。
　(2)疾病の状態の理解と生活管理に関すること。
　(3)損傷の理解と養護に関すること。

2　心理的適応
　(1)対人関係の形成に関すること。
　(2)心身の障害や環境に基づく心理的不適応の改善に関すること。
　(3)障害を克服する意欲の向上に関すること。

3　環境の認知
　(1)感覚の活用に関すること。
　(2)感覚の補助及び代行手段の活用に関すること。
　(3)認知の枠組となる概念の形成に関すること。

4　運動・動作
　(1)姿勢と運動・動作の基本の習得及び改善に関すること。
　(2)姿勢保持と運動・動作の補助的手段の活用に関すること。
　(3)日常生活の基本動作の習得及び改善に関すること。
　(4)移動能力の向上に関すること。
　(5)作業の巧緻性及び遂行能力の向上に関すること。

5　意思の伝達
　(1)意思の相互伝達の基礎的能力の習得に関すること。
　(2)言語の受容・表出能力の向上に関すること。
　(3)言語の形成能力の向上に関すること。
　(4)意思の相互伝達の補助的手段の活用に関すること。

従前の心身の適応が，身体の健康と心理的適応に分けられ，指導の際にその対象が明確になるように組み替えられた。また，従前の感覚機能の向上と運動機能の向上は，それぞれ，環境の認知，運動・動作に改められた。これは，教育的な観点に立って，指導内容が検討され，感覚機能や運動機能を活用した認知や運動・動作が，重要な指導内容になることを明確に示したとされている。このような教育的な観点は，医療を意識して示されたものであろう。

　内容の各項目の説明は，従前より詳しくなり，重度・重複化に対応した記述がいくつか認められる。例えば，身体の健康では，障害が重度・重複しており，発達の遅れがあればあるほど，生活リズムや生活習慣の形成に関する指導が必要であることが述べられ，家庭との連携も重要であることが示された。(3)損傷の理解と養護に関することに「これらの指導事項は，多かれ少なかれ医療との関連が深いので，疾病及び障害の状態を的確に把握し，具体的な指導事項の設定に当たっては，必要に応じて専門の医師の助言を得ることが大切である。」(p.407) と明記された。心理的適応では，対人関係の形成に関することが加えられ，運動・動作では，座位姿勢安定のための椅子や介助を受けやすい姿勢についても記述がみられる。医学的リハビリテーションとも重なる身体各部の緊張の制御や，関節の拘縮や変形を予防する従来からの指導も示されている。

　指導計画の作成と内容の取扱いでは，従前の内容を見直し，観点が明確になるように，具体的な指導事項の設定，他領域との関連，指導方法の創意工夫，教師の協力体制，専門の医師等との連携協力の5項目が示された。このうち，今回新たに示された指導方法の創意工夫には，指導方法に関する配慮事項がみられる。養護・訓練の指導に有効と思われる指導方法がどのように優れていたとしても，そのまま養護・訓練の指導に適用しようとすると，当然無理が生じることをあらかじめ知っておくことが必要だと明記された。これは，医療機関等で実施されている「○○法」等を見よう見まねで行うことがないようにという注意喚起と，養護・訓練は，あくまでも教育活動であるという立場の確認であろう。児童生徒の実態に即して，工夫して応用することの大切さが述べられている。

　教師の連携協力では，養護・訓練の時間における指導は，専門的な知識や技能を有する教師を中心として，全教師の協力の下に効果的に行わ

れるようにすることが示され，従前の「…専門的な知識や技能を有する教師が中心となって担当し…」が改められた。

　また，専門的な知識や技能を有する教師について初めて記述された。

　　養護・訓練教諭免許状を所有する者等を必ずしも指しているのではなく，様々な現職研修や自己研修等によって専門性を高め，校内で養護・訓練の指導的役割を果たしている教師を含めて広くとらえている。(p.442)

　そして，ふさわしい専門性を身に付けておくことが必要であるとも述べられた。専門の医師等の連携協力で示された内容は，従前通りだが，養護・訓練の指導に当たる教師は，常に謙虚な態度で指導に臨むことが肝要であるということが付け加えられている（p.444）。

　また，養護・訓練の指導によって改善・克服することが期待される障害は，世界保健機関（WHO）が示す国際障害分類（ICIDH）を取り上げ，ディスアビリティにあたると示された。そして，教科としての機能訓練，領域としての養護・訓練についても解説されているが，当時の機能訓練の教育的価値がわかるような記述ではない。歴史的な視点では，その認識が深められるような記述が望ましい。

　障害の多様化に対応することを前提に改訂された平成元（1989）学習指導要領の対象観を検討すると，単一の肢体不自由児を除き，「障害が重度であり重複していようと，教育的な働きかけによって動作の獲得や姿勢の改善が可能な，社会によりよく適応していくことを保障すべき子ども」である。

２．重度・重複者の課題，医療的ケア

　平成元（1989）年，学校において，たんの吸引や経管栄養等の医療的ケアの実施を必要とする児童生徒が，東京都で81名，近畿地区で96名在籍していることがわかり，医療的ケアの問題が提起された。家族によって行われることが前提とされる医療的ケアを学校で教師が実施できないかということが課題となった（松本嘉一，2000）。

　この背景には，医療の進歩によって救命率が高まったことで，その子

どもたちが就学し，通学するようになったことがある。

　大阪府では，平成3（1991）年に医療的ケアを必要とする児童生徒の実態と課題が調査された。大阪府教育委員会（1991）は，「医療との望ましい連携について（報告）」において，健康の保持増進に対する特別な配慮の観点から，ここでいう医療的ケア等を広く「ヘルス・ケアー」の一環として考えることも可能という見解を示した。平成6（1994）年には，大阪府立肢体不自由養護学校長会承認のもとで，医療的ケアに関する懇談会が発足。平成9（1997）年には，宿泊をともなう行事における看護師の付き添いが予算化された。また，神奈川県は，平成5（1993）年度の「神奈川県障害児教育関連医療協議会報告」において，「医療ケアは個別の教育ニーズとして学校生活を安全に送るための具体的方策としてとらえる」という見解を示した。各校では，医療検討委員会が発足し，教師によるたんの吸引や経管栄養について教育指導の一環として試行を始めた（下川和洋，1999）。

　医療的ケアの問題は，平成9（1997）年にマスコミで取り上げられた。文部省の見解は次のようであった。「病院などに入院し，病弱養護学校などの教育を受ける方法もある」（朝日新聞大阪本社版，1997，6/4付朝刊），「現状のままでいいというわけではない。非公式ながら，厚生省に事情説明を始めた」（日本教育新聞1997，9/6付），「厚生省が認めない以上，教職員が医療的ケアを行うことはできない」（日本経済新聞，1997，10/3付）。

　大阪府立藤井寺養護学校長の青木瑠璃子（1998）は，医療的ケアを通してより明確になった課題として，国の養成機関の不足による養護・訓練を中心とした専門スタッフの不足をあげている。「現在の教員を中心とした学校教育の中では，全体として，もっと多くのPT・OT・ST等の専門職を必要とし，養護教諭や看護師を必要としている。さらに，何とか医療スタッフとの連携が取れないものだろうか。」（p.56）と述べ，医療的ケアでは，専門医に協力を願うことや，専門の巡回医による指導体制づくり等を急がねばならないと示した。

　三浦和（1998）は，「障害のある児童生徒の望ましい発達のために，特殊教育における福祉・医療との連携体制を確立する方策について，実践的研究をするための予算化が明年度より発足する。このことが直接す

ぐに肢体不自由教育で急務とされている『医療的ケア』対応に結びつくものとはいえないが、長年、話題になっていた教育・福祉・医療が一同に会する機会が設けられることに拍手を送りたい。」（p.3）と記している。

　文部省は、平成10（1998）年度になり、2か年の「特殊教育における福祉・医療との連携に関する実践研究」を実施し、平成13（2001）年度からは看護師配置の調査研究を行った。

　平成13（2001）年度には、全肢体不自由養護学校の通学児童生徒の14.7%、2246名が医療的ケアの対象となり、増加傾向が認められた。これは、訪問教育よりも、学校へ通学する方が、生活リズムが整い、健康状態が良好に保たれ、社会性や人間的成長を示すことがわかってきたことによる。そして、平成14（2002）年、日本小児神経学会は、障害のある子どもを良く知り、信頼関係も深く持てる立場にある教師との関係性は、専門性よりも重要な意味を持ちえるとし、学校での取り組みの実績を支持した。事故のリスクが高い医療的ケアは看護師が行うことを原則とし、看護師との連携を強化しながら、一定範囲内での医療的ケアの一般教職員による実施を関係機関が認めるよう提言した。また、厚生労働省・文部科学省が連携して、養護学校への看護師配置や派遣などの実施に向けて、予算化も含めた方策を講じたことに一定の評価をしつつ、一般教職員による実践が大きく制限されないように注意喚起も行った。

　教育効果が、教師や家族、主治医で共有されると、主治医から、通学への支援が手厚くなされるようになった（飯野順子、2004：日本小児神経学会、2002）。

　平成15（2003）年度から「養護学校における医療的ケアに関するモデル事業」が開始された。そして、ようやく平成16（2004）年10月20日、厚生労働省が文部科学省に対し、「盲・聾・養護学校におけるたんの吸引等の取扱いについて」を通知した。医療的ケアについては、これまでの取り組みやモデル事業等の成果を踏まえ、看護師の常駐、必要な研修の受講等を条件に、実質的違法性阻却の考え方に基づき、盲・聾・養護学校の教師がたんの吸引や経管栄養等を行うことは「やむを得ない」という見解が示された。

　この間に改訂されたのが、平成11（1999）学習指導要領である。

3．平成11（1999）学習指導要領

　平成11（1999）学習指導要領は，幼稚園，小学校，中学校，高等学校と特殊教育諸学校が同時に審議された初めての学習指導要領となった。完全学校週五日制の下，「ゆとり」の中で「特色ある教育」を展開し「生きる力」の育成を図ること，障害の重度・重複化と社会の変化等を踏まえた改訂が目指された。これには，国際障害者年・国連障害者の十年・アジア太平洋障害者の十年等の中で障害者の自立が捉えられた世界の潮流とそれによる我が国の障害者基本法の改正等が影響している。

　教育目標では，「困難を克服」が，「困難を改善・克服」に改められた。これは，改善するという観点を一層明確にするためだと示されている。

　重複障害者等に関する特例では，児童生徒の実態に応じて，幼稚部教育要領の一部を取り入れることができることが示された。

　養護・訓練は，自立活動に名称が変更され，学校の教育活動全体を通じて適切に行うことを明確に示したとされている。

　自立活動の目標には，「…自立を目指し，障害に基づく種々の困難を主体的に改善・克服するために…」と，自立を目指した主体的な活動であることが明記され，一層の推進が企図された。自立活動の指導では，個別の指導計画を作成することも新たに規定された。個別の指導計画等で必要な実態把握に当たっては，保護者等との連携に十分配慮する必要があるとされ，情報収集と管理のあり方にもふれられた。また，自立活動に充てる授業時数は，従前の年間105時間を標準とする目安にこだわらず，児童生徒の障害の状態に応じて適切に定めることができるよう授業時数の運用の弾力化も示された（pp.18-19）。

　自立活動の内容は，これまでの柱を区分といいかえ，名称も見直され，次頁に示したように22の項目となった。

　健康の保持では，多様な病気の状態のそれぞれについて指導するには，専門の医師の助言を受けるとともに，保護者の協力を仰ぐことも忘れてはならないと示された。また，多様な損傷に関わる指導については，医療との関連がある場合が多いので，必要に応じて専門の医師の助言を受けることが大切であると明記された（pp.25-26）。

　健康状態の維持・改善に関することについても医療機関や家庭との連携を図りながら進めていく必要があることが示された（p.26）。

従前の運動・動作は，身体の動きに改められ，運動・動作の基本的技能の指導を充実するよう内容の改善が図られたとされている。

　身体の動きの(1)姿勢と運動・動作の基本的技能に関する指導では，必要に応じて医師等の専門家との十分な連携を図ることが大切であるとされた。(2)姿勢保持と運動・動作の補助的手段の活用に関する指導では，つえ，車いす等の活用の必要に応じて専門の医師及びその他の専門家の協力や助言を得ることが大切であるとされた（pp.33-34）。

1　健康の保持
　(1)生活のリズムや生活習慣の形成に関すること。
　(2)病気の状態の理解と生活管理に関すること。
　(3)損傷の状態の理解と養護に関すること。
　(4)健康状態の維持・改善に関すること。

2　心理的な安定
　(1)情緒の安定に関すること。
　(2)対人関係の形成の基礎に関すること。
　(3)状況の変化への適切な対応に関すること。
　(4)障害に基づく種々の困難を改善・克服する意欲の向上に関すること。

3　環境の把握
　(1)保有する感覚の活用に関すること。
　(2)感覚の補助及び代行手段の活用に関すること。
　(3)感覚を総合的に活用した周囲の状況の把握に関すること。
　(4)認知や行動の手掛かりとなる概念の形成に関すること。

4　身体の動き
　(1)姿勢と運動・動作の基本的技能に関すること。
　(2)姿勢保持と運動・動作の補助的手段の活用に関すること。
　(3)日常生活に必要な基本動作に関すること。
　(4)身体の移動能力に関すること。
　(5)作業の円滑な遂行に関すること。

5　コミュニケーション
　(1)コミュニケーションの基礎的能力に関すること。
　(2)言語の受容と表出に関すること。
　(3)言語の形成と活用に関すること。
　(4)コミュニケーション手段の選択と活用に関すること。
　(5)状況に応じたコミュニケーションに関すること。

　専門の医師等との連携協力については，従来通りの内容であるが，自

立活動の指導にあたる教師は，「関連のある専門家との連携のとれる体制を整えておくことが大切である」(p.54) という一文が加わった。これは，平成12 (2000) 解説－自立活動編－の最後に記載されていて，見落としてしまいそうな箇所であるが，昭和46 (1971) 学習指導要領以降，初めて，専門家との体制作りにわずかでもふれられたことは意義深い。原則として，自立活動における専門性やその指導の多くを，専門的な知識や技能を有する教師に求めていることは30年近く変わっていない。しかし，医師等の専門家との十分な連携や，専門の医師及びその他の専門家の協力や助言を得ることが大切という表記が，いくつか見られるようになったことに注目したい。児童生徒の実態の重度化等が，より一層深まることに対して，チームアプローチの必要性が認識されてきたと思われる。

また，今回の学習指導要領解説は，特殊教育諸学校共通で示されたことも特徴の一つである。

平成11 (1999) 学習指導要領における対象観は，「健康状態の維持・改善等に関して医療機関や家庭との連携を図りながら，留意した指導も必要であるが，教育的な働きかけによって，社会によりよく適応していく人間となりうる重度・重複障害のある子ども」である。

4．特殊教育から特別支援教育へ

21世紀の幕開け，平成13 (2001) 年1月，『21世紀の特殊教育の在り方について（最終報告）』の中で，以下のことが示された。

1．ノーマライゼーションの進展に向け，障害のある児童生徒の自立と社会参加を社会全体として，生涯にわたって支援することが必要。
2．教育，福祉，医療等が一体となって乳幼児期から学校卒業後まで障害のある子ども及びその保護者等に対する相談及び支援を行う体制を整備することが必要。
3．障害の重度・重複化や多様化を踏まえ，盲・聾・養護学校等における教育を充実するとともに，通常の学級の特別な教育的支援を必要とする児童生徒に積極的に対応することが必要。
4．児童生徒の特別な教育的ニーズを把握し，必要な教育的支援を行うため，就学指導の在り方を改善することが必要。

5．学校や地域における魅力と特色ある教育活動等を促進するため，特殊教育に関する制度を見直し，市町村や学校に対する支援を充実することが必要。

　これは，平成5（1993）年12月に障害者基本法が制定され，教育，福祉，労働等の各分野で障害者の自立と社会参加の一層の促進を図る取り組みが進められていることや特殊教育を取り巻く現状を踏まえ，平成12（2000）5月に設置された21世紀の特殊教育の在り方に関する調査研究協力者会議で検討されたものである。この最終報告では，これまで乳幼児期の教育的対応や卒業後の就労や社会参加等について，教育は，医療・福祉・労働との連携に欠けていたことが指摘されている。そして，この最終報告に基づく制度の見直し，施策の改善等が検討され，平成15（2003）年3月に『今後の特別支援教育の在り方について（最終報告）』，平成17（2005）年12月には『特別支援教育を推進するための制度の在り方について（答申）』が示された。これらを受けて準備が進められ，平成19（2007）年4月1日，改正学校教育法が施行され，特殊教育は，特別支援教育の制度に転換された。この間に文部科学省（2005）が作成した広報のパンフレットには，「子どもの可能性を最大限に伸ばすことを目指します！」と明記され，その手立てとして，学校全体での支援，専門性を生かした教育，教育・医療・保健・福祉・労働・その他（親の会，NPO，地域）の関係機関との連携による一貫した支援があげられた。
　特別支援教育の理念は，次のとおりである。

　特別支援教育は，障害のある幼児児童生徒の自立や社会参加に向けた主体的な取組を支援するという視点に立ち，幼児児童生徒一人一人の教育的ニーズを把握し，その持てる力を高め，生活や学習上の困難を改善又は克服するため，適切な指導及び必要な支援を行うものである。
　また，特別支援教育は，これまでの特殊教育の対象の障害だけでなく，知的な遅れのない発達障害も含めて，特別な支援を必要とする幼児児童生徒が在籍する全ての学校において実施されるものである。
　さらに，特別支援教育は，障害のある幼児児童生徒への教育にとどまらず，障害の有無やその他の個々の違いを認識しつつ様々な人々が生き生きと活躍できる共生社会の形成の基礎となるものであり，我が国の現在及び将来の社会にとって重要な意味を持っている。

平成19（2007）年4月1日に示された「特別支援教育の推進について（通知)」では，校長のリーダーシップ，校内委員会の設置，実態把握，特別支援教育コーディネーターの指名，関係機関との連携を図った「個別の教育支援計画」の策定と活用，「個別の指導計画」の作成，教員の専門性の向上，特別支援学校が地域における特別支援教育のセンターとしての機能の充実を図ること，特別支援学校教員の専門性の向上，教育委員会等における支援，保護者からの相談への対応や早期からの連携，教育活動等を行う際の留意事項等，厚生労働省関係機関等との連携について述べられた。多職種によるチームアプローチの一つの形が，特別支援教育という制度の中で位置付いた。教育委員会が担う専門家チームの設置は，次のように示された。

　教育委員会においては，障害の有無の判断や望ましい教育的対応について専門的な意見等を各学校に提示する，教育委員会の職員，教員，心理学の専門家，医師等から構成される「専門家チーム」の設置や，各学校を巡回して教員等に指導内容や方法に関する指導や助言を行う巡回相談の実施（障害のある幼児児童生徒について個別の指導計画及び個別の教育支援計画に関する助言を含む。）についても，可能な限り行うこと。なお，このことについては，保育所や国・私立幼稚園の求めに応じてこれらが利用できるよう配慮すること。

5．平成21（2009）学習指導要領

　この改訂では，平成8（1996）年7月の中央教育審議会答申「21世紀を展望した我が国の教育の在り方について」を踏まえ，変化の激しい社会を担う子どもたちに必要な生きる力という理念が，知識基盤社会の時代においてますます重要となっていることから，これを継承している。そして，生きる力を支える確かな学力，豊かな心，健やかな体の調和のとれた育成を重視（p.5）することが示された。特別支援教育になり，初めての学習指導要領の改訂でもあった。同解説書は同年6月に発行され，従来よりも早かった。

　基本的な考え方は，幼稚園，小学校，中学校，高等学校に準じた改善と障害の重度・重複化，多様化に対応し，一人一人の教育的ニーズに応じた適切な教育や必要な支援を充実することであった。

学校教育法の改正を踏まえ，教育目標は，従前の「障害に基づく種々の困難を改善・克服する…」を「障害による学習上又は生活上の困難を改善・克服し自立を図る…」と改められた。同様に，自立活動の目標も「障害に基づく種々の困難」を「障害による学習上又は生活上の困難」に改められた。時間割の弾力的に編成では，特に，中学部において，一定の条件の下，10分間程度の短い時間を年間授業時数に含めることができることになった。各教科等にわたり，個別の指導計画を作成し，適切な評価，指導の改善に努めることとされた。また，家庭，地域，医療，福祉，保健，労働等の関係機関と連携した支援を行うため，すべての児童生徒に個別の教育支援計画を作成すること，交流及び共同学習では，計画的，組織的に小学校，中学校の児童生徒等と実施することが示された。

　重複障害者の指導では，専門的な知識や技能を有する教師間の協力や専門家の指導・助言を求めるなどして，学習効果を一層高めることとされた。また，中学部の進路指導では，家庭，地域，福祉，労働等の関係機関との連携を十分に図ること等が示された。その他，訪問教育，情報教育の充実や特別支援学校の特別支援教育のセンターとしての役割等について述べられている。

　これまでの「重複障害者等に関する特例」は，「重複障害者等に関する教育課程の取り扱い」として5項目に整理し，わかりやすく示された。また，新たに，外国語活動，外国語科，総合的な学習の時間についても特例が定められた。

　自立活動では，「社会の変化や幼児児童生徒の障害の重度・重複化，発達障害を含む多様な障害に応じた指導を充実するため」(p.23)，区分に人間関係の形成が追加され4項目が示された。その結果，従前，心理的な安定で示された対人関係の形成の基礎に関することは除かれ，人間関係の形成に含められた。また，環境の把握に，感覚や認知の特性への対応に関することが追加された。

1　健康の保持
　(1) 生活のリズムや生活習慣の形成に関すること。
　(2) 病気の状態の理解と生活管理に関すること。
　(3) 身体各部の状態の理解と養護に関すること。
　(4) 健康状態の維持・改善に関すること。

---

2 心理的な安定
 (1) 情緒の安定に関すること。
 (2) 状況の理解と変化への対応に関すること。
 (3) 障害による学習上又は生活上の困難を改善・克服する意欲に関
    すること。

3 人間関係の形成
 (1) 他者とのかかわりの基礎に関すること。
 (2) 他者の意図や感情の理解に関すること。
 (3) 自己の理解と行動の調整に関すること。
 (4) 集団への参加の基礎に関すること。

4 環境の把握
 (1) 保有する感覚の活用に関すること。
 (2) 感覚や認知の特性への対応に関すること。
 (3) 感覚の補助及び代行手段の活用に関すること。
 (4) 感覚を総合的に活用した周囲の状況の把握に関すること。
 (5) 認知や行動の手掛かりとなる概念の形成に関すること。

5 身体の動き
 (1) 姿勢と運動・動作の基本的技能に関すること。
 (2) 姿勢保持と運動・動作の補助的手段の活用に関すること。
 (3) 日常生活に必要な基本動作に関すること。
 (4) 身体の移動能力に関すること。
 (5) 作業に必要な動作と円滑な遂行に関すること。

6 コミュニケーション
 (1) コミュニケーションの基礎的能力に関すること。
 (2) 言語の受容と表出に関すること。
 (3) 言語の形成と活用に関すること。
 (4) コミュニケーション手段の選択と活用に関すること。
 (5) 状況に応じたコミュニケーションに関すること。

　健康の保持に，初めて医療的ケアについて記述され，養護教諭や看護師等との十分な連携を図り指導を進めることが示された（p.41）。

　他の内容の，家庭や医師等の専門家との連携や指導，助言を求めることについての記述は従前と変わらない。

　教師の協力体制では，複数の障害種別に対応する特別支援学校についての記述が加わった。それぞれの障害種別に対応できる専門的な知識や技能を有する教師を学校全体で活用すること，専門性の向上を図る研修

等を充実させたり，他の特別支援学校との連携協力を図ることで，自立活動の指導についての助言を依頼すること等が示された（p.95）。

専門の医師等との連携協力では，以下の記述が追加された。

例えば，内臓や筋の疾患がある幼児児童生徒の運動の内容や量，脱臼や変形がある幼児児童生徒の姿勢や動作，極端に情緒が不安定になる幼児児童生徒への接し方などについては，専門の医師からの指導・助言を得ることが不可欠である。また，姿勢や歩行，日常生活や作業上の動作，摂食動作やコミュニケーション等について，幼児児童生徒の心身の機能を評価し，その結果に基づいて指導を進めていくためには，理学療法士，作業療法士，言語聴覚士等からの指導・助言を得ることが大切である。さらに，情緒や行動面の課題への対応が必要な場合には，心理学の専門家等からの指導・助言が有益である。学校において，幼児児童生徒の実態の把握や指導の展開に当たって，以上のような専門的な知識や技能が必要である場合には，幼児児童生徒が利用する医療機関の理学療法士等やその他の外部の専門家と積極的に連携して，幼児児童生徒にとって最も適切な指導を行うことが必要である。その際，留意すべきことは，自立活動の指導は教師が責任をもって計画し実施するものであり，外部の専門家の指導にゆだねてしまうことのないようにすることである。つまり，外部の専門家の助言や知見などを指導に生かすことが大切なのである。（pp.96-97）

また，関係機関との連携に当たっては，個別の教育支援計画を十分活用することが示された（p.97）。

特別支援教育は，障害のある児童生徒が在籍する全ての学校で実施されている。多様な障害がある。実態も様々で，重度・重複化の傾向も認められる。一人一人の実態把握や教育的ニーズを満たすためには，教師だけでは難しいことがいくつもある。そのような状況を踏まえ，主治医をはじめとした多職種の連携が必要であることが明確に示され，解説書では，踏み込んだ記述もみられる。

医療的ケアへの対応が必要になったことや，特別支援教育に関わる障害者施策の影響もあって，学習指導要領にチームアプローチが明確に示されたといってもよいのではないだろうか。個別の教育支援計画も個別の指導計画もそのためのツールでもある。

平成21（2009）学習指導要領の対象観は，「専門の医師からの指導・助

言を得つつ，家庭や外部の専門家と連携し，個別の指導計画をもとにした教育的な働きかけをすることにより生きる力を育むことができる重度・重複障害のある子ども」である。

6．学習指導要領および同解説書の活用のために

　特別支援教育になって初めての学習指導要領および同解説書は，内容の示し方が整理された。これまで特別支援教育に馴染みがなくても，以前に比べ読みやすくなっている。また，特別支援学校共通で示されているため，自分が経験した障害種の指導と，他の障害種の指導の関連を把握しやすい。今回から大判になり，持ち運び等も含め利便性に欠ける点については，タブレットやアプリを使用することで，学習指導要領を活用することができる。

文　献

青木瑠璃子（1998）21世紀の特殊教育に期待する　肢体不自由教育134　日本肢体不自由児協会　pp.56-57

細村迪夫（1999）これからの特殊教育の課題−新学習指導要領等における改善事項の解説　肢体不自由教育140　日本肢体不自由児協会　pp.14-25

飯野順子（2004）子供の心に寄り添う医療的ケアを目指して　肢体不自由教育163　日本肢体不自由児協会　pp.13-20

松本嘉一（1995）平成7年度統計資料　全国肢体不自由養護学校長会

松本嘉一（2000）励まし合った子どもたち　はげみ通巻270号　日本肢体不自由児協会　pp.12-13

三浦和（1998）21世紀の教育−特殊教育の在り方を探る−　肢体不自由教育134　pp.2-3

文部省（1989）平成元（1989）学習指導要領

文部省（1992）平成4（1992）解説

文部省（1999）平成11（1999）学習指導要領

文部省（2000a）平成12（2000）解説総則編

文部省（2000b）平成12（2000）解説各教科編

文部省（2000c）平成12（2000）解説自立活動編

文部科学省（2001）21世紀の特殊教育の在り方について（最終報告）

文部科学省（2003）今後の特別支援教育の在り方について（最終報告）

文部科学省（2005a）特別支援教育を推進するための制度の在り方について（答申）

文部科学省（2005b）特別支援教育　広報パンフレット

文部科学省（2007）特別支援教育の推進について（通知）

文部科学省（2009a）平成 21（2009）学習指導要領

文部科学省（2009b）平成 21（2009）解説総則編

文部科学省（2009c）平成 21（2009）解説各教科編

文部科学省（2009d）平成 21（2009）解説自立活動編

日本小児神経学会（2002）　学校教育における「医療的ケア」の在り方について
　　　の見解と提言　http://mcare.life.coocan.jp/mcare/mc-21b.htm（2019 年
　　　11 月 1 日閲覧）

大阪府教育委員会（1991）大阪府立養護教育諸学校における医療との望ましい
　　　連携について（報告）　医療との連携のあり方に関する検討委員会

下川和洋（1999）医療的ケアに関する各地の取り組み
　　　http://mcare.life.coocan.jp/mcare/mc-05.htm（2019 年 11 月 1 日閲覧）

東京都教育委員会編（1997）「医療的配慮を要する児童・生徒の健康・安全指
　　　導ハンドブック」日本肢体不自由児協会

吉野京視（1997）養護・訓練を超える　養護学校の教育と展望107　日本重
　　　複障害教育研究会　日本アビリティーズ協会

　注）本書の文献『肢体不自由教育』は，日本肢体不自由教育研究会編集委
　　　員会による編集である。

終 章　昭和・平成の対象観

　本書では，前半で先達の業績から，後半は学習指導要領の医療に関わる記述をもとに以下のような対象観を示した。

深まりの時代	平成21年 （2009）	専門の医師からの指導・助言を得つつ，家庭や外部の専門家と連携し，個別の指導計画をもとにした教育的な働きかけをすることにより生きる力を育むことができる重度・重複障害のある子ども
	平成11年 （1999）	健康状態の維持・改善等に関して医療機関や家庭との連携を図りながら，留意した指導も必要であるが，教育的な働きかけによって，社会によりよく適応していく人間となりうる重度・重複障害のある子ども
広がりの時代	平成元年 （1989）	障害が重度であり重複していようと，教育的な働きかけによって動作の獲得や姿勢の改善が可能な，社会によりよく適応していくことを保障すべき子ども
	昭和54年 （1979） 昭和46年 （1971）	いかに障害が重度であり重複していようと，教育的な働きかけによって動作の獲得が可能になりうる子ども
始まりの時代	昭和38年 （1963）	「単一障害」で，医療と教育を兼ね備えた教育によって正常児と同様の社会人となりうる子ども
教 育 の 時 代	高木憲次	肢体不自由児，不治永患児，その中間の不自由児それぞれに，医療，教育，労働，福祉等，適切な対応を見極め，社会がその命を育むべき子ども
	柏倉松蔵	学校のような環境で，医療と連携した指導と教育を授けることで，自立した生活やその子どもなりの不自由を改善できる可能性がある子ども
慈善事業・医療の立場から身体的に保護を加えた時代	田代義徳	手足不自由であっても，整形外科的治療と教育，職業教育等を施すことにより，その機能回復と国家有用な人間に成長する可能性がある社会によって育むべき子ども

肢体不自由児は，整形外科治療によって見いだされ，教育へと道がついた。整形外科医であった田代義徳は，肢体不自由教育の発展を念じて尽力した。しかし，光明学校では医療行為をするべきではないと福島正や校医の竹澤さだめ等の整形外科医に対して，説を曲げず譲らなかった。「医療は医院・病院にて行うべきもの，教育と按摩マッサージとならよいが医療行為は病院か医院以外にて施す可きでない」（日本肢体不自由児協会，1967，p97）という田代の考えは，昭和38（1963）学習指導要領にもみてとれる。

　子どものリハビリテーションには動機づけが重要で，学校のような環境が望ましいと気づいたのが，体操教師であった柏倉松蔵である。柏学園の開園時には，昭和46（1971）学習指導要領が示した特例にあたる時間割が準備されていた。

　昭和46（1971）学習指導要領では，従前の機能訓練に代わり養護・訓練が新設された。養護・訓練の指導は，学校における教育活動であり，教師が主体的に指導するものであるという文部省の方針が示された。そのため，医師の処方に基づく指導は除かれた。これ以降，肢体不自由養護学校に医療離れが生じた。しかし，肢体不自由児は，教育の対象であると同時に医療の対象でもある。小池文英が提起したことは，医療と教育の協働によるチームアプローチであって，学校医の処方に基づいて養護・訓練の指導を行うように求めたものではない。ほかにも，閉鎖的な養護学校に対して，医療と教育が連携するチームアプローチが必要ではないかという指摘があったが，文部省の制度の壁もあり，課題は残されたままであった。児童生徒の障害は，重度・重複化，多様化していくが，教育的な対応で動作の獲得や姿勢の改善が目指された。

　先述した坂根清三郎や高松鶴吉の指摘は，養護学校の指導が，肢体不自由児に不利益をもたらしていることを示唆するものであった。この傾向は，現在でも，特別支援学校や，肢体不自由児が通う通常の学級，特別支援学級の指導で散見される。

　例えば，車椅子で実用的な移動が可能な児童生徒については，立位や歩行の課題を見落としやすい。身体機能の維持を考えても，主治医や理学療法士等と連携して取り組むことが望ましい。日中を過ごす学校で，必要な課題に取り組むことができる工夫があることが理想である。

平成に入り，医療的ケアの問題が提起された。高松の体験した重複障害児の指導における課題は，特別支援教育への制度転換を機に，チームアプローチの体制が動き出した。

　むらさき愛育園長の北住映三（2013）は，教育と医療の協働において，教師が主体性を持ち，次のような「学校の医療化」を防ぐ必要性を提起している。

・医学的診断や医学的な整理を求めすぎる。
・問題が生じた場合に医療的な原因だけを追いすぎる。
・医療的な判断や対応，医師の判断に頼りすぎる。
・医学的な数値のみを重視しすぎる。
・薬に頼りすぎる，あるいは逆に，問題を薬の影響と考えすぎる。
・医療的ケアに依存し過ぎ，医療的ケアの実施のみを優先し過ぎる。
・教員の関わりが，医療的ケアなど医療的対応に追われてしまう。
・医療的な面の安全性のみを重視し過ぎて，活動や生活に過度の制限を加えてしまう。

　このようなことを教師はやりがちである。しかし，教師に期待されていることは，医療的ケアに限らず，学校生活の様々な場面における姿勢や環境調整，肢体不自由児に何を体験させるか等，子どもの現実の姿を大事にした学習活動のあり方を探求することである。北住は，医学ではわからないことがまだ多くある以上，関係性のある教師に期待する方が現実的であり，医師や医療スタッフの意見を聞き，それを踏まえることを前提とした教師の主体的な判断は重要であると述べる。

　特別支援教育の教育課程が弾力的であればあるほど，教師の裁量は拡大することになる。そのような状況において，何に対しても教師は，柔軟でありたい。経験者に学び，また，子どもに学び，その心情を理解し，個別の指導計画の「個」が「枯」や「孤」にならぬよう，内省し，チャレンジしていくことを忘れてはいけない。

　何かがあった時，一番に駆けつけた人と遅れて到着した人とでは，その事象の理解が異なることはよくある。実感が伴うことが必要なことは，体験するか，想像力を働かせて理解しようと努力しないとわからない。

　本書は，史料などを客観的に検討しながら，一方で，先達の肢体不自由児への想いや自分の役割に対する信念，さまざまな感情も想像しなが

ら理解を深め，書き進めた。

　田代の対象観が，肢体不自由児を教育へと導き，それに貢献したのが，柏倉の実践であろう。

　教育は万能ではない。特に肢体不自由児には，医療も教育も必要だ。そして，教育は，ダイナミックなものだ。子どもに届く教育を実践するには，知識だけでは不十分である。教師の実践知や実感，それをもとに動き出す馬力も必要だ。そして，子どもに必要な学びを専門的に見極める力と，「あなたはどうしたいのか。」と問いかけ，その希望を叶えるために寄り添う勇気も教師には必要なのである。

　田代，柏倉，高木の営みにも，教育の時代の実践にも，子どもたちのために必要なことは，すべて行うという覚悟が感じられる。それぞれの時代には，現在と異なる事情や文化がある。それらを考えると，肢体不自由児の課題を引き受ける愛と勇気が，より一層理解できる。

　学習指導要領には，肢体不自由教育の実態の変化が反映され，医療との連携にかかわる記述の変更も認められた。平成21（2009）学習指導要領に，今後の具体的な姿は示されなかったが，医療と教育の協働は，各学校の特色ある教育の中で，実情に応じて形成されていくことが期待できそうである。小池文英が，チームアプローチを提起してから，40年近くかかった。

　本書で示した対象観と授業（教育活動）との関連を下図に示した。

図３　対象観と授業（教育活動）との関連

図3は，「授業のあり方に関わること」（山本，2017）に対象観を加え，改変したものである。対象観は，教育活動のバックボーンとなるので，土台とした。それぞれの教師は，生身の人間である以上，教師個人の状況は，上層に示した授業の要素に影響する。また，対象観は，意識しないと向き合えない。それを矢印で示した。

　令和の教育も人がつくる。先達の実践や昭和・平成の対象観をふまえ，日々「これでよいのか。」と問い直しながら，子どものニーズにこたえていきたいと思う。

文　献

山本智子（2017）特別支援学校の授業のあり方についての一考察　皇學館大学紀要第55輯　pp.116-134

あ と が き

　昨年，特別支援学校の授業検討会で，史実を示して授業改善について話したところ，後日，中堅の先生から連絡があった。「体裁を整える授業ではなく，子どもの課題をタイムリーに掴み，とことん取り組ませること。教師が勝手に子どもの限界を定めたり，支配したりしていないか。本人がどうしたいのかを大切に，できないことをその子どもの障害のせいにしない，そういうことを大事にしていきたい。」という内容であった。この先生が，授業検討会をきっかけに内省したこと，対象観を意識したことで使命観が高まったことがわかる。

　先達の実践には，教師自身をゆさぶり，「いま」を動かす力がある。本書では，特に先達の人柄がわかるように注力した。史実や実践は，人によって生まれるからだ。本書が，明日からの授業について「もう一度，考えてみよう。」というきっかけになれば幸いである。

　子どもたち一人一人が学校でみせる学びへの希求とご家族の献身的な対応は尊い。教師は，そばにいてそれに応えることができる。

　本研究の始まりは，学習指導要領における「肢体不自由者観」をテーマにした大学院での研究である。現場のニーズを満たす医療との連携，教師間格差の是正に対して，学習指導要領の記述が拠りどころにできないかと考えたことが発端であった。平成の初め，校内研修で「どうせ死ぬ子を担任してどうですか」と尋ねられたことも「肢体不自由者観」のテーマ設定には影響したと思う。

　どの子どもも難しく思ったことはなかった。

　昭和の時代，保護者が，教師宅に相談に来ることはよくあった。どんな状況でも，親身に対応していた両親の姿に，教師とはそういうものだと学んでいたことに，最近，ようやく気がついた。そして，永六輔主演の映画『春男の翔んだ空』を思い出した。中学生の頃，兄から教えられたこの映画で，戦後，始まったばかりの特殊教育を知った。

　学校には様々な教師がいる。それでいいのだと思う。教師が専門性を高め，子どもに向き合う姿勢を磨く「守破離」の過程は，自分の人生を生きながら，人として成長する過程でもある。子どもたちにとって，ひ

とつの社会である学校に，共に成長できる大人がいることは重要だ。

　恩師の太田正己先生は，授業を追究した斎藤喜博の「教育者は皆一人一流」を講義の中で示された。この言葉を大切にしながら，筆者もいつかプロの教師になりたいと思う。そのために，これからも変わらず，自分の役割を果たしていきたい。

　本書は以下に掲げる論考に新たな視点を加え，大幅に加筆修正したことを付記しておく。また，対象観については，指導法等から検討することも考えられる。今後の研究課題としたい。

　　拙稿　学習指導要領における『肢体不自由者観』の史的研究　京都教育大学大学
　　　　院教育学研究科2003年度修士論文　2003年（未公刊）

　今年，予期しなかったコロナ禍により，生活は一変した。学校では，様々な課題に知恵を出し合い，子どもたちの命と教育を守る取り組みが続けられている。

　本書の出版にあたり，お世話になった方々に感謝申し上げます。
　ありがとうございました。

　令和2年5月

　　　　　　　　　　　　　　　　　　　　　　新緑の精華学研にて
　　　　　　　　　　　　　　　　　　　　　　　　山本　智子

山 本 智 子

皇學館大学教育学部准教授（障害児教育学・指導法）
学校心理士，臨床発達心理士，上級教育カウンセラー

著 書等

『くらしに役立つ保健体育』（編著）東洋館出版社，2013，『実践をふまえた
現場に役立つ特別支援教育の授業案づくり』（編著）黎明書房，2016，『立
つ・歩くことを考えた脳性まひ児のリハビリテーション－運動機能獲得への
アプローチ』（編著）へるす出版，2017，『障害児と共につくる楽しい学級活
動（障害児の授業＆学級経営シリーズ）』（共著）黎明書房，2005，『支援が
必要な子どもの心と行動がわかる！ 教師のためのサポートガイド』（共著）
明治図書出版，2018

表紙デザイン・イラスト：奥野尚美

令和2年7月15日　初　版　発行
令和4年10月1日　第2刷　発行

肢体不自由教育の変遷
－昭和・平成の対象観－

著　者	山　本　智　子
発行者	皇學館大学出版部
	代表者　髙　向　正　秀
	〒516-8555　伊勢市神田久志本町1704
	電話　0596-22-6320
印刷所	磯　野　印　刷
	〒516-0101　度会郡南伊勢町五ヶ所浦3841

ISBN 978-4-87644-216-4 C3037　　本体価格 1,197 円＋税